....LISEZ ET FAITES LIRE CET EXPOSÉ TRÈS VIVANT ET TRÈS PRATIQUE.

SI VOUS VOULEZ DES PRÊTRES....

par

J. BLOUET

Supérieur du Grand Séminaire de Coutances

1928

LIBRAIRIE BLOUD & GAY

SI VOUS VOULEZ DES PRÊTRES

OUVRAGES DU MÊME AUTEUR

La Communauté éducatrice du clergé de France. — Beauchesne, éditeur, Paris.

Le Néo-Malthusianisme des Catholiques. — Editions *Spes*, Paris.

La Sanctification des Enfants. — Librairie Giraudon, Paris.

Pour sauver les Ames. (Ouvrage couronné par l'Académie Française) 4e édition. — Imprimerie Notre-Dame, Coutances.

* * *

La Moisson sans Ouvriers. — 4e édition. Franco 1 fr.

Un Curé de campagne au XVIIe siècle. — Grand in-8 de XLVII-480 pages, 3e édition, franco 13 fr.

Pour ces deux derniers ouvrages, s'adresser au Séminaire de Coutances. Chèques postaux 292-94, Paris.

EN PRÉPARATION

Nos Villages hier et aujourd'hui.

SI VOUS VOULEZ DES PRÊTRES....

par

J. BLOUET

Supérieur du Grand Séminaire de Coutances

1928

LIBRAIRIE
BLOUD & GAY

Nihil obstat

Constantiis, die 10ª Augusti 1928

P. M. PÉRIER,

V. G.

Imprimatur :

Constantiis, die 12ª Augusti 1928

THÉOPHILUS-MARIA,

Ep. Const. et Abr.

AVANT-PROPOS

Si vous voulez des prêtres... — En pouvez-vous douter, nous répondent des milliers de pauvres paroisses de France qui se plaignent d'être privées de curé. Que faut-il donc faire pour en avoir? — Prier le Maître de la Moisson d'y envoyer des ouvriers, favoriser le recrutement du clergé, contribuer à l'entretien des Séminaristes et des élèves ecclésiastiques. Voilà ce que, depuis dix ans, je redis sous toutes les formes, dans un bulletin dont, chaque trimestre, vingt mille exemplaires s'en vont à travers notre diocèse. Je n'ai fait qu'en extraire, pour les réunir en ce petit volume, quelques pages d'un intérêt plus général. Puissent-elles contribuer à accroître le zèle de ceux qui les liront pour le recrutement sacerdotal!

SI VOUS VOULEZ DES PRÊTRES

CHAPITRE PREMIER

PRIEZ

I

Pourquoi faut-il prier (1)?

Parce que, dans nos **Paroisses,** il y a

I. **des Parents** que Dieu appelle à l'honneur de donner un prêtre à son Eglise et qui ont besoin d'une grâce spéciale *pour se décider*

à accepter généreusement les charges de la paternité et de la maternité;

à procurer à l'enfant prédestiné l'éducation vraiment chrétienne qui sauvegardera sa vocation,

(1) Cette page et quelques autres ont été reproduites par divers bulletins qui n'en ont pas toujours indiqué la provenance.

à laisser leur fils préférer à la carrière plus lucrative qu'ils ambitionnent pour lui la destinée plus noble que Dieu lui a fait entrevoir :

II. **des Enfants** qui ont entendu très distinctement au fond de leur cœur l'appel divin, mais

qui n'osent pas en faire la confidence, et n'ont personne autour d'eux qui les discerne et qui les encourage;

qui sont tentés au contraire plus que les autres enfants par le grand ennemi des âmes dont ils sont appelés à devenir les sauveurs;

et exposés à se décourager en présence des difficultés que leur pieux dessein rencontre en leur famille.

Parce que, dans nos **Collèges,**

la durée des études est longue, la crise de l'adolescence très redoutable;

le danger de certaines fréquentations, au cours des vacances, inévitable pour plusieurs;

et qu'il y a chaque année, dans les classes supérieures, des élèves qui hésitent en face de leur avenir, ne *voyant pas* ou ne *voulant* pas ce que Dieu leur demande; exposés dès lors, comme le jeune homme de l'Evangile, à « s'en aller tristement », sans répondre à l'appel du divin Maître.

Parce que dans les **Casernes,**

il y a des Séminaristes pour lesquels il faut

obtenir de Dieu la grâce accordée miraculeusement à saint Jean qui, devant la Porte Latine, sortit **plus pur et plus fort** de la chaudière d'huile bouillante où on l'avait plongé.

Parce que dans le **Séminaire**,

comme au Cénacle lorsqu'il s'agit de donner à Judas un remplaçant, il faut que ce soit Dieu qui désigne les élus;

et que ceux-ci, pour persévérer, ont besoin de beaucoup de grâces;

et que s'il faut au diocèse, non pas seulement des prêtres, mais de saints prêtres, c'est au Séminaire que sont posés les fondements de la sainteté sacerdotale.

II

Mon Dieu, donnez-nous des Prêtres, Donnez-nous de saints Prêtres...

Dans la plupart des diocèses de France, chaque dimanche, au prône, on ajoute aux formules accoutumées cette invocation : MON DIEU, DONNEZ-NOUS DES PRÊTRES; DONNEZ-NOUS DE SAINTS PRÊ-

TRES ET RENDEZ-NOUS DOCILES A LEURS ENSEIGNEMENTS.

DES PRÊTRES! vous êtes peut-être de ces pauvres paroissiens qui n'ont plus de curé dans leur église. Pour en obtenir vous vous êtes adressé aux hommes qui vous ont dit leur impuissance. C'est à Dieu, à Dieu lui-même qu'il faut présenter votre réquête. C'est Lui qui est le Maître de la moisson. C'est à Lui que Notre-Seigneur nous a dit de demander des ouvriers. Si moi, qui ne suis qu'un pauvre homme, je ne puis entendre sans en être profondément touché la plainte de ces malheureuses paroisses abandonnées, combien le Père infiniment bon qui est aux Cieux l'entendra-t-il avec plus de pitié pourvu que, non seulement le dimanche au prône, mais chaque soir à la prière en famille, elle monte vers Lui de tous les foyers groupés aux environs de l'église sans curé.

Mais, direz-vous peut-être, à quoi bon prier puisque vous venez de nous assurer que le nombre des prêtres va demeurer dix ans encore irrémédiablement insuffisant?

— Pour deux motifs qui doivent également vous encourager.

1° Parce que si vos prières n'obtiennent pas pour l'avenir les nouvelles recrues que Dieu n'accordera qu'à vos insistances, ce n'est pas dix ans, c'est vingt ans et peut-être davantage que se prolongera l'abandon de votre paroisse. Vous gardez la foi parce que de bons prêtres l'ont inculquée à vos parents. Vos enfants la perdront peut-être parce qu'un prêtre leur aura manqué pour l'entretenir.

Pour vous encourager à planter des arbres, il vous suffit de penser que vos fils en recueilleront les fruits. Pour encourager la persévérance de votre prière en faveur du recrutement sacerdotal, n'est-ce pas assez d'espérer que cette prière leur vaudra le grand bienfait de la restauration du culte dans votre église?

2° La prière des paroisses abandonnées suscite des vocations tardives. J'avais parlé un jour devant un groupe de jeunes gens de la grande détresse et du grand nombre de ces pauvres paroisses. L'un d'eux, à qui son âge plus avancé rend les longues études particulièrement pénibles, m'écrivait naguère : « Malgré les difficultés, j'espère tout de même pouvoir servir à la réouverture de quelque église et ranimer ainsi la foi d'âmes quasi abandonnées. Cette pensée m'empêche de me décourager. »

DONNEZ-NOUS DE SAINTS PRÊTRES. Est-ce à dire qu'il y a deux catégories de prêtres : des bons et des mauvais? Hélas! le sacerdoce ne nous rend pas impeccables, et vous n'êtes pas de ceux que la défaillance d'un prêtre fait douter de la sainteté de l'Eglise. Attaché à cette sainte Eglise comme un enfant à sa mère, vous éprouvez pour elle un surcroît de filial dévouement lorsque quelque scandale ameute contre elle ses ennemis. Et dès lors vous sentez plus vivement le besoin de prier pour la sanctification du clergé. Dieu, dans sa sollicitude pour les intérêts supérieurs de nos âmes, a voulu que la valeur des Sacrements fût indépendante de la vertu de ceux qui les administrent. La messe et l'absolution d'un prêtre déchu de sa première ferveur ne perdent rien de leur efficacité pour les âmes bien disposées, mais précisément, pour se disposer, ces chères âmes ont besoin de l'exemple en même temps que des leçons du Clergé auquel Notre-Seigneur a dit qu'il doit être la lumière du monde et le sel de la terre.

Voilà pourquoi, chers associés, vous devez prier non seulement pour le recrutement, mais encore pour la sanctification du Clergé.

Rendez-nous dociles a leurs enseignements. Il est dit dans l'Evangile que les prédicateurs de la Bonne Nouvelle, s'ils ne sont pas écoutés dans une ville, doivent en sortir en secouant la poussière de leurs chaussures.

Si les prêtres se font plus rares, ne serait-ce pas parce que l'on n'écoute plus aussi bien leurs enseignements? Demandons à Dieu de multiplier les cœurs dociles et sa Providence, qui n'est jamais en défaut, multipliera les prédicateurs de l'Evangile.

III

Le Pater pour demander des Prêtres.

Un « vieux prêtre » octogénaire qui, dans sa retraite, « n'a rien de mieux à faire nuit et jour que de ruminer ses prières », nous écrit (1) :

« J'éprouve le besoin de vous dire, naïvement peut-être, combien j'aime la courte et simple prière de l'Œuvre des Vocations : *Mon Dieu, donnez-nous des prêtres, donnez-nous de saints prêtres et rendez-nous dociles à leurs enseignements.* »

Donnez-nous des prêtres! Comment les prêtres

(1) S'il nous arrive, au cours de ce volume, d'utiliser quelques pages d'un collaborateur d'occasion, nous aurons toujours soin de l'indiquer, ne fût-ce que par les initiales qui serviront de signature.

eux-mêmes, les premiers, n'éprouveraient-ils pas le besoin d'adresser à Dieu cette prière? Combien y en a-t-il parmi eux dont la vocation n'ait pas été éveillée par un prêtre? Si un prêtre ne m'avait pas demandé un jour : Que vas-tu faire maintenant? je ne lui aurais pas répondu presque sans y penser : je voudrais bien être comme vous... En un clin d'œil, pourtant, un prêtre venait d'en susciter un autre.

C'est d'abord à ses apôtres pressés autour de lui que s'adressait le Souverain Prêtre quand il disait : *La Moisson est abondante, les ouvriers peu nombreux. Priez donc le Maître de la moisson qu'il envoie des moissonneurs...* Est-il besoin d'attirer l'attention du prêtre d'aujourd'hui sur l'effrayante disproportion entre l'abondance de la moisson et le petit nombre des ouvriers?

La brève et simple formule : *Mon Dieu, donnez-nous des prêtres...* si on l'ajoute à chacune des demandes du *Pater* devient encore plus touchante et pourra fournir aux âmes pieuses la matière d'une excellente oraison.

Notre Père qui êtes aux cieux... pour y aller aux Cieux nous avons besoin de guides : donnez-nous donc des prêtres, ô mon Dieu, donnez-nous de saints prêtres.

Que votre nom soit sanctifié! Pour cela la prédication des prêtres est nécessaire : donnez-nous donc des prêtres, ô mon Dieu...

Que votre règne arrive! C'est l'œuvre du ministère sacerdotal : donnez-nous donc des prêtres, ô mon Dieu...

Que votre volonté soit faite! Qui fera connaître aux hommes cette adorable volonté? qui leur enseignera la résignation dans l'épreuve, le courage dans la pratique du devoir?... Pour que votre volonté soit faite sur la terre, ô mon Dieu, donnez-nous des prêtres... rendez-nous dociles à leurs enseignements.

Donnez-nous aujourd'hui notre pain quotidien. C'est vous, ô Jésus, qui êtes le pain descendu du Ciel, l'aliment de nos âmes dans la sainte communion. Mais là où il n'y a pas de prêtre, il n'y a pas d'Eucharistie. Donnez-nous donc des prêtres, ô mon Dieu...

Pardonnez-nous nos offenses. C'est au prêtre que vous avez donné le pouvoir de pardonner en votre nom. Pour que nos péchés nous soient remis, donnez-nous donc des prêtres...

Ne nous laissez pas succomber à la tentation. Pour cela, ô mon Dieu, que de saints prêtres, à votre exemple, rappellent sans cesse à vos enfants la nécessité de la vigilance et de la prière!

Mais délivrez-nous du mal! Le grand mal, c'est

de ne pas vivre chrétiennement. Le mal irréparable, c'est de ne pas bien mourir. Pour bien mourir, ô mon Dieu, combien nous est nécessaire le ministère du prêtre! Donnez-nous donc des prêtres pour nous aider à bien mourir, donnez-nous de saints prêtres dont l'exemple autant que la parole nous apprenne à vivre chrétiennement! »

Je n'ai guère fait que transcrire la lettre du « vieux prêtre ». Je le remercie de nous avoir communiqué sa méthode d'oraison pour le recrutement et la sanctification du Clergé. Nos lecteurs pourront l'utiliser, soit en particulier à l'occasion des fêtes de l'Œuvre et des Ordinations, soit dans les réunions qui ont lieu en certaines paroisses le vendredi des Quatre-Temps.

IV

L'Ave Maria des Mères chrétiennes

Le « vieux prêtre » qui nous a déjà fait part de ses méditations sur ce sujet veut bien encore nous écrire :

La prière pour l'Œuvre des Vocations continue de me sembler un moyen providentiel de rendre ma vieillesse moins inutile; j'en suis venu au point de donner à la plupart de mes formules de prières et de mes exercices de piété un sens qui s'y rapporte : il y aurait, sans doute, profit pour d'autres à faire de même. Je vous envoie aujourd'hui l'*Ave Maria* des Mères chrétiennes *pour le recrutement et la sanctification du clergé.*

Que de fois, dès sa plus tendre enfance, la très Sainte Vierge répéta la prière du prophète : *Rorate, cœli desuper, et nubes pluant justum;* cieux envoyez d'en haut votre rosée et que les nuées fassent descendre le Juste comme une pluie salutaire!

C'est la croyance de l'Eglise que ses ardentes supplications avancèrent réellement la venue du Sauveur. Une Mère chrétienne trouvera très juste et très doux de l'en féliciter et de l'en remercier : *Ave, Maria...* Je vous salue, Marie...

Ramenant aussitôt sa pensée sur sa maison, elle se demandera naturellement s'il n'y grandirait pas un enfant que le Fils de Marie aimât au point de l'appeler à le suivre. Et si elle a quelque raison de le croire, avec quelle confiance elle supplie la Mère de Jésus de lui apprendre à envelopper son Eliacin de l'atmosphère céleste que le divin Enfant respirait dans la paisible et laborieuse maison de Nazareth! *Ave, Maria.* Je vous salue, Marie...

Sans doute, il lui faudra beaucoup de grâces à elle et à son « benoni » pour répondre docilement et généreusement à l'appel du divin Maître; mais à peine l'*Ave, Maria* a jailli de ses lèvres qu'il y vient *gratia plena;* c'est un cri de confiance, car la Vierge-Prêtre n'aspire qu'à partager avec celle qui prépare un disciple à son Jésus les ineffables grâces que lui valut à elle-même sa sublime coopération à la mission rédemptrice du souverain Prêtre : *Gratia plena,* pleine de grâces...

Dominus tecum, le Seigneur est avec vous, dit ensuite la Mère chrétienne à la très Sainte Vierge. Et c'est pourquoi l'Eglise vous met sur les lèvres, ô Marie, ces paroles de la Sagesse éternelle : *Mecum sunt divitiæ et gloria,* à moi les richesses et la gloire.

Est-ce qu'un petit prêtre sur mes genoux ne serait pas aussi le trésor et l'honneur de ma famille?

Benedicta tu in mulieribus; aucune femme assurément ne sera bénie, puissante, aimée comme vous; je me croirais pourtant distinguée, privilégiée entre beaucoup de mères si votre Enfant divin disait à l'un des miens : Suis-moi. Ah! comme je le bénirais de tout mon cœur et combien d'autres le béniraient après moi : *Et bene-*

dictus fructus ventris tui, Jesus! Combien béniraient mon prêtre, fruit de mes entrailles, me béniraient moi-même!

Sainte Marie, mère de Dieu et notre mère, mère avant nous tous de l'apôtre saint Jean qui vous fut donné à la place de Jésus : priez pour nous tous, pauvres pécheurs, mais premièrement pour les prêtres chargés de nous sanctifier.

Priez pour nous, maintenant, car hélas! comme vous n'eûtes dans votre vieillesse que l'apôtre bien-aimé pour appui et pour consolation, qui sait combien de mères chrétiennes ne peuvent compter pour leurs derniers jours sur nulle autre affection que celle du fils qu'elles ont donné à Dieu?

Priez surtout pour moi à *l'heure de ma mort,* afin que comme vous êtes morte dans les bras de votre prêtre, saint Jean, je puisse mourir, heureuse et confiante, dans les bras de mon prêtre. Priez enfin pour toutes les mères qui sentent profondément l'obligation de répéter tous les jours :

Mon Dieu, donnez-nous des prêtres, donnez-nous de saints prêtres, et rendez-nous dociles à leurs enseignements.

V

Comment on prie dans le diocèse

« Chaque trimestre, écrit M. le curé d'une paroisse de faubourg, le vendredi des Quatre-Temps, à 6 h. 1/2, nous avons une messe de communion aux intentions de l'Œuvre, avec instruction, prières du Rosaire et salut. Chaque personne associée reçoit, quelques jours auparavant, une invitation. Déjà, vendredi dernier, nous avons eu la joie de compter 71 communions. Une dizaine de personnes, empêchées de venir le vendredi, ont communié le dimanche suivant à la même intention. »

Dans plusieurs de nos pensionnats, il y a « un roulement de communions quotidiennes pour les vocations ».

Les Noëlistes prient à la même intention.

Plusieurs Communautés nous ont promis le concours de leurs prières.

Dans une paroisse, un petit enfant avait manifesté le désir d'être prêtre. Lorsque vint le moment de commencer ses études au presbytère, il hésita, puis sembla décidé à prendre une autre voie. Le Curé, sans se déconcerter, fit avec lui une neuvaine à la Bienheureuse Marie-Madeleine (1). Le dernier jour, l'enfant sentit toutes ses hésitations disparaître et, suivant ses premiers attraits, il s'est mis, le mois dernier, à l'étude du latin.

Est-il surprenant que le démon cherche à troubler les pauvres petits aspirants à l'état ecclésiastique? Il faut donc prier pour eux et *les faire prier*. Il arrive, du reste, que ces chers enfants sentent d'eux-mêmes, instinctivement, le besoin de prières toutes spéciales à cette intention. Il y a quelques semaines, dans un de nos archiprêtrés, plusieurs mères de familles visitaient l'exposition de l'Œuvre des tabernacles. L'une d'elles raconta à la Présidente que l'aîné de ses enfants, qui a dix ans, prie Dieu tous les jours, depuis sa première communion, de lui conserver l'intention d'être prêtre. Sa vocation, depuis lors, ne fait que s'affermir.

(1) De Saint-Sauveur-le-Vicomte, maintenant canonisée.

VI

Conditions de l'efficacité de nos prières pour les Vocations.

J'ai eu occasion de m'entretenir avec des prêtres et des personnes ferventes, qui, avec une ardeur un peu inquiète, demandent à Dieu de susciter des vocations dans leurs paroisses et leur famille. Il n'est peut-être pas inutile d'attirer leur attention sur les deux observations suivantes :

1° C'est Dieu qui choisit ceux qu'il destine au sacerdoce. « Ce n'est pas vous qui m'avez choisi, disait Notre-Seigneur à ses apôtres; c'est moi qui vous ai choisis. » Il en est des vocations comme de la fécondité dans les foyers. S'il se rencontre trop souvent des époux qui, délibérément, reculent devant les charges de la paternité, il y en a aussi qui, de tout leur cœur, auraient souhaité avoir des enfants et à qui Dieu n'en a point donné. Certaines paroisses semblent aussi frappées d'une stérilité momentanée qu'il serait injuste de leur reprocher. Le gouvernement de la Providence a ses mystères qu'il ne faut pas indiscrètement sonder. Tel ménage, qui n'a point d'enfants et qui en aurait voulu, les aurait si bien élevés! Tels parents qui en ont ne leur donnent qu'une mauvaise éducation. Voici de même une paroisse où un prêtre désire vivement s'occuper d'élèves ecclésiastiques et serait très capable de les former excellemment et qui, depuis des années, n'en a pas rencontré. Et en voilà une autre où des vocations se perdent presque chaque année, parce que personne ne s'en occupe. Ne critiquons pas la Providence, mais exécutons la consigne qui est de prier pour que, là où sont les vocations, Dieu envoie de bons ouvriers du recrutement sacerdotal.

2° La stérilité de certaines paroisses ou de certaines familles ne provient-elle pas souvent de la façon dont les enfants y sont élevés? Ce n'est pas la semence qui manque, c'est la préparation du terrain qui fait défaut. Non que les familles en question soient irréligieuses. Mais il n'y a pas assez d'esprit de sacrifice ni de préoccupation d'apostolat. N'est-il pas arrivé aussi parfois que des vocations se sont perdues dans des fréquentations mondaines ou dans des maisons d'éducation dont, généralement, les élèves excluent le sacerdoce de la liste des carrières auxquelles ils peuvent prétendre?

Prions donc pour les éducateurs, afin que, dans la famille, dans les écoles, dans les catéchismes, dans les collèges, ils sachent discerner et cultiver les vocations.

VII

Une Mère prie

La petite ville va bientôt s'endormir.

Mais la petite ville est chrétienne : elle ne prendra pas son repos sans avoir prié.

A la fin de la journée elle envoie vers ses églises quelques saintes âmes dont les supplications réparent, purificnt et protègent.

Mme Laurent est un de ces anges gardiens de la cité.

Elle ne s'en doute pas : ce qu'elle fait est si simple.

Elle habite rue du Commerce où son mari vend des *Chaussures en tous genres,* comme l'indique l'enseigne du magasin.

Elle a sept enfants qu'elle élève dans l'amour de Dieu... beaucoup, et dans sa crainte... un peu.

Ce soir, comme chaque soir, Mme Laurent

franchit le seuil de la boutique, fait quelques pas dans la rue, se ravise, et rouvrant la porte, crie :

— Surtout soyez sages pendant mon absence. Ne faites pas mettre votre père en colère... et toi, la grande, surveille bien le petit monde.

— Oui, maman, répond une voix de fillette.

Rassurée, maman reprend sa marche, fatiguée mais joyeuse.

Elle se rend à Saint-André.

L'église Saint-André, la grande église, n'est pas loin.

Mme Laurent y est bientôt arrivée. L'édifice est spacieux. Il ne paraît pas trop grand le dimanche.

Mais, sur semaine, le soir surtout, on a la sensation de s'y perdre dans un océan de silence.

Et n'était la veilleuse du Saint-Sacrement qui rassure, en rappelant la présence invisible du Maître, on aurait peur.

Mme Laurent n'a pas peur; l'église est son second domicile.

Elle va droit jusqu'au fond, à l'autel de la Vierge, gardienne de l'Eucharistie.

Elle prend sa place d'habitude, et elle fait sa prière.

Oh! non sans distraction, car il faut bien saluer discrètement, lorsqu'elle arrive, Mme Desloges, sa voisine de dévotion; suivre du regard M. le Curé qui va vers son confessionnal, et s'inquiéter du retard de M. le Premier Vicaire, d'ordinaire si exact...

Mais peu à peu le monde extérieur est oublié. Mme Laurent prie pour tout de bon.

Ses lèvres remuent... elle a besoin de dire des mots...

Mais ce sont des mots où elle met son cœur...

C'est la *grande prière* du soir qu'elle récite; mais, ces belles formules, comme elle les rend personnelles!

Deux longues pauses interrompent la récitation.

C'est d'abord à l'examen de conscience : les plus petits recoins de la journée finie sont explorés avec soin. Faut-il dire que Mme Laurent est tout étonnée de ne pas se trouver une foule de fautes?

Mais elle a beau chercher. Du matin jusqu'au soir, sans perdre un instant, elle a travaillé : le ménage, la vente de chaussures, le soin des enfants, sa journée est tellement pleine qu'un péché ne peut s'y faufiler.

Néanmoins, elle ne s'en fait pas accroire. Elle ne trouve pas. Mais elle a dû certainement offenser le bon Dieu.

Et c'est avec grande contrition qu'elle récite : me voici, Seigneur.

La seconde pause, elle la fait à : *Prions pour les vivants...*

Les vivants. Ah! les vivants ce sont ceux qu'elle a laissés, rue du Commerce, derrière les boîtes où reposent les chaussures en tous genres; le mari, les sept enfants.

Mais ce soir, pourquoi le nom de Louis, l'avant-dernier, revient-il sur ses lèvres avec obstination?

Elle les aime tous également; jamais une préférence, jamais un privilège : elle croirait commettre une sorte de vol.

Mais elle les aime pour Dieu...

Elle a cru remarquer que le petit Louis était un préféré de Dieu.

« Je me trompe peut-être.

Que peut-on présager de l'avenir en face d'un enfant qui a six ans et demi?

Mais s'ils sont tous pieux, Louis l'est plus que tous les autres.

Ils aiment tous à chanter : Louis chante surtout du latin et des cantiques...

Ils apprennent leurs leçons : Louis est plus appliqué que ses frères; le Catéchisme et l'Histoire sainte font ses délices.

C'est vous, mon Dieu, qui, lisant dans le fond des cœurs, savez si vous avez semé dans l'âme de cet enfant le germe de la vocation sacerdotale. Faites que je veille comme il faut sur cette âme de prêtre... si tel est votre désir... »

Elle continuerait encore... Mais la demie de sept heures vient de sonner...

Il est temps de partir. Elle va réciter en s'en retournant les Litanies de la Sainte Vierge... « Reine des Apôtres », dit-elle en arrivant au magasin.

Mais déjà, de l'arrière-boutique, une exclamation se fait entendre : c'est maman !

On dirait qu'elle revient après une longue absence. Ses enfants l'entourent. Elle les embrasse avec tendresse, mais quand vient le tour de Louis, sa tendresse se nuance de respect.

J. C.

VIII

La Prière et l'Intercession de saint Jean Eudes

Saint Jean Eudes avait établi dans les Séminaires, dans les Monastères de Notre-Dame de

Charité et dans les paroisses au cours de ses Missions, une *Confrérie apostolique* dont le but était : 1° d'honorer les Sacrés Cœurs de Jésus et de Marie et de répandre leur dévotion; 2° de prier ardemment ces divins Cœurs pour attirer des grâces de choix sur les pasteurs des âmes, et pour solliciter du Ciel de nombreuses et saintes vocations sacerdotales. Il leur recommandait aussi de favoriser l'Œuvre des Séminaires et de s'appliquer à toutes les Œuvres d'apostolat dans la mesure de leur pouvoir.

Voici la prière qu'il avait composée pour les associés et que récitaient nos aïeux dès le XVIIe siècle :

Oraison

A Notre Seigneur Jésus-Christ pour lui demander qu'il envoie des ouvriers a sa vigne

Très doux et très miséricordieux Sauveur, prosterné aux pieds de votre divine Majesté, en toute l'humilité et dévotion du ciel et de la terre, et en union de toutes les saintes prières qui vous ont été, sont et seront à jamais faites : je vous supplie de tout mon cœur, et je prie tous vos Anges, tous vos Saints et votre bienheureuse

Mère de vous prier avec moi d'avoir pitié de tant de pauvres âmes créées à votre image et ressemblance, et rachetées par votre précieux Sang, qui périssent tous les jours, faute de personnes qui leur prêtent la main.

Envoyez, Seigneur, envoyez de nombreux ouvriers en votre vigne; ressuscitez dans tous les Pasteurs et Prêtres de votre Eglise cet esprit apostolique dont vos bien-aimés Apôtres et Disciples ont été animés. Embrasez leur cœur du feu de votre amour, et d'une soif ardente de votre gloire et du salut des âmes, et donnez à votre peuple plusieurs saints Maîtres, Pères et Pasteurs qui, par leur exemple et leur parole, lui enseignent la science du salut, le nourrissent du pain du ciel et le garantissent de la rage du loup infernal.

C'est de quoi je vous supplie très humblement, ô très bon Pasteur, par les entrailles de votre infinie miséricorde, par votre précieux Sang, par vos plaies sacrées, par votre douloureuse Passion, par le très saint Cœur de votre bienheureuse Mère, et par tout ce que vous aimez au Ciel et sur la terre; afin que, par ce moyen, la tyrannie du péché soit détruite, le règne de votre grâce soit établi, votre Nom soit sanctifié, votre volonté soit faite sur la terre comme au ciel, et que vous soyez adoré, aimé et glorifié par tout l'univers, et aux siècles des siècles. Ainsi soit-il.

***

Pour avoir des prêtres, il faut d'abord qu'il y ait des enfants dans nos foyers chrétiens. Or le nombre est considérable des époux catholiques dont, à leur grand chagrin, l'union reste stérile. Nous leur avons suggéré, pour obtenir de Dieu la postérité tant désirée, de recourir à l'intercession de S. Jean Eudes, dont les parents, après de longues années de mariage, obtinrent la naissance à force de prières. Cette pensée a été bien accueillie de nos lecteurs. Ils nous ont demandé une formule de prière pour les époux qui ont recours à l'intercession de S. Jean Eudes. En voici une que nous leur proposons (1) :

O Dieu tout-puissant et infiniment bon, qui avez accordé la naissance de S. Jean Eudes aux prières persévérantes de ses parents, nous vous conjurons, par l'intercession de ce saint prêtre,

(1) On peut se procurer cette prière, imprimée au verso du portrait de saint Jean Eudes, au Grand Séminaire de Coutances, 2 francs la douzaine, franco, chèques postaux 292.94 Paris.

de nous donner des enfants et les grâces nécessaires pour les élever chrétiennement. S'il vous plaît de choisir parmi eux des élus pour le Sacerdoce ou la vie religieuse, nous favoriserons leur vocation de tout notre pouvoir. Humblement soumis aux desseins de votre Providence, nous vous demandons, si cette prière ne doit pas être exaucée, la grâce de la résignation et tous les secours dont nous avons besoin pour donner à notre vie, à défaut des enfants auxquels nous aurions voulu nous dévouer, toute la fécondité possible pour votre gloire et le bien de ceux qui nous entourent.

Ainsi soit-il!

IX

Pourquoi encore faut-il prier? Les Retraites ecclésiastiques

Suffit-il de prier pour le recrutement du clergé? — Non, il faut prier aussi pour sa sanctification.

Dieu, sans doute, n'a pas voulu que la valeur des Sacrements dépendît de la sainteté de ceux qui les administrent. Alors même que le prêtre dont ils entendent la messe et qui les absout de leurs péchés serait en de mauvaises dispositions, les fidèles n'ont pas à s'en préoccuper, car cela ne diminue en rien le prix de la sainte Messe ni l'efficacité de l'absolution. Si, en écoutant un sermon, les auditeurs sont tentés de s'autoriser des exemples du prédicateur pour ne pas se rendre à ses exhortations, qu'ils se rappellent la parole de Notre-Seigneur : « Faites ce qu'ils vous disent et non pas ce qu'ils font. » Un poteau indicateur, bien qu'il ne parcoure pas avec nous le chemin comme ferait un guide charitable et dévoué, ne laisse pas que de nous fournir un très utile renseignement.

Mais s'il n'est pas nécessaire pour notre instruction et pour l'administration des Sacrements que les prêtres soient des saints, cela est très désirable pour l'honneur de l'Eglise et pour l'édification des paroisses.

Voilà pourquoi nous demandons à Dieu non pas seulement des prêtres, mais de saints prêtres.

C'est pour cela que l'Eglise, à l'époque des Ordinations, nous exhorte à prier pour les Séminaristes qui se préparent à recevoir les saints Ordres.

Elle nous demande aussi de prier pour que

les prêtres entretiennent et renouvellent la grâce de leur Ordination sacerdotale. Un des moyens qu'elle a institués pour cela, c'est la Retraite ecclésiastique. Chaque année, au cours des vacances, le clergé se rassemble, durant une semaine, au Séminaire diocésain pour s'y recueillir, entendre des prédications appropriées, y reprendre de nouvelles forces spirituelles pour remplir de mieux en mieux son ministère.

Comment nos paroisses pourraient-elles se désintéresser du mystérieux travail qui s'accomplit durant ces pieux exercices dans l'âme de leurs prêtres? N'est-ce pas pour son troupeau que le pasteur se sanctifie?

Aussi, de toutes les paroisses du diocèse, des voix s'élèveront vers Dieu pour appeler sur ce nouveau cénacle l'Esprit Saint qui descendit sur les Apôtres au jour de la Pentecôte. Avant la grand'messe du dimanche qui précède la première retraite, les fidèles chanteront à cette intention le *Veni Creator.* Mais, là ne se bornera pas la collaboration des catholiques du diocèse à cette œuvre de sanctification. On priera encore au cours de la semaine, on offrira des communions. On priera dans les communautés religieuses, on priera dans les associations pieuses et il n'est pas jusqu'aux petits enfants de nos catéchisme qui ne puissent comprendre le grand intérêt qu'ils ont à prier eux aussi pour les prêtres en retraite.

Avant la guerre, s'il arrivait que, sur un millier de prêtres que comptait alors le diocèse, il en tombât un ou deux dans l'espace de dix ans, on voyait, semblables à des oiseaux féroces qui s'abattent sur une proie, tous les ennemis de la religion, tous les journaux sectaires, exploiter ce scandale comme une bonne fortune.

Un des signes de l'amélioration des mœurs actuelles est qu'aujourd'hui, même les adversaires de la religion se croient obligés à plus de réserve. Ils comprennent qu'il ne faut pas rejeter sur le corps ecclésiastique tout entier la faute d'un de ses membres.

Quant aux chrétiens éclairés, la douleur et l'humiliation qu'ils éprouvent en pareil cas ne fait qu'accroître leur attachement à l'Eglise. C'est comme une épreuve qui resserre les liens de la famille. Mais c'est aussi un motif très pressant de prier davantage pour le clergé.

Prions donc, à l'occasion des Retraites ecclésiastiques, pour que tous les prêtres qui y assistent en reviennent meilleurs et par là même plus capables de travailler avec succès à l'évangélisation de nos paroisses.

CHAPITRE II

REPEUPLEZ LES FOYERS

I

Source tarie...
Source empoisonnée...

Je visitais, il y a quelques semaines, nos séminaristes-soldats dans une de nos villes de garnison et en même temps je voyais plusieurs jeunes gens, fantassins ou matelots, à qui est venue, au cours de leur service, la pensée de se faire prêtres (1). Or, l'un de ces jeunes gens que j'avais trouvé hésitant à mon précédent voyage était maintenant bien désireux de se consacrer à Dieu, et il me le disait en pleurant, car il se heurte dou-

(1) Il n'est pas rare que la fréquentation des cercles catholiques ranime un germe de vocation que des circonstances moins favorables avaient empêché jusque-là de s'épanouir.

loureusement à l'opposition de sa mère qui ne voudrait pas sacrifier son fils unique. Il n'y a plus assez d'enfants. C'est la même cause qui soustrait à la Patrie ses défenseurs, à l'agriculture et à l'industrie de notre pays des bras français et à Dieu des mains consacrées pour distribuer la sainte Hostie. Dans beaucoup de paroisses du diocèse il y a chaque année plus de sépultures que de baptêmes. Ces paroisses sont des « paroisses-tombeaux »; il faut qu'elles redeviennent des « paroisses-berceaux ».

Quand les foyers seront repeuplés, Dieu pourra y faire largement son choix comme dans cette famille où me conduisait il y a huit jours le curé de la paroisse. Parmi les sept enfants dont le dernier est au berceau, je trouvais une petite fille pour l'enseignement chrétien et un petit garçon pour le Séminaire.

Il n'y a plus d'enfants, hélas! et le peu qui reste est parfois empoisonné par un mal qu'il faut bien encore signaler ici. J'ai rencontré, au cours de mes campagnes pour le recrutement sacerdotal, des enfants pieux, intelligents, appartenant à des familles honorables, qui semblaient prédestinés pour le sacerdoce... Il fallait renoncer à les acheminer vers le Séminaire parce que leur mère était alcoolique. Leur mère! Il faut bien le dire, il y a des régions où ce n'est pas seulement le père mais la mère elle-même qui empoisonne le foyer et flétrit jusque dans son germe la vocation sacerdotale. En présence de ce mal, il y en a qui sourient, d'autres qui gémissent, d'autres qui attendent l'intervention du gouvernement, comme si la première chose à faire n'était pas de se grouper pour combattre l'incendie. C'est donc, Mesdames, bien mériter de l'Œuvre du Recrutement sacerdotal que d'enrôler dans la *Croix-Blanche* les petites filles des écoles, celles des patronages et les Enfants de Marie, parce que c'est le moyen de préserver les vocations dans leur source la plus profonde.

P. S. — Cette assertion vient d'être confirmée par le Dr Leclerc dans un savant Mémoire présenté à l'Académie de Médecine. Les conclusions reposent sur 323 observations des plus consciencieuses faites dans l'arrondissement de Saint-Lô.

En voici quelques-unes :

1° La tuberculose est en fonction de l'alcoolisme dans 26,62 p. 100 des cas.

2° L'alcoolisme féminin est en progression croissante, surtout depuis la guerre, par suite du « désœuvrement voulu », d'une part, et des « allocations de guerre », d'autre part.

3° L'augmentation des cas de folie prouve que l'alcoolisme chez les femmes présente depuis trente ans une progression plus que géométrique, passant de 6,19 en 1895 à 23,9 à la fin de 1915.

4° Les cultivateurs qui boivent de plus en plus fournissent une proportion de 42,84 p. 100 d'aliénés alcooliques, par rapport aux entrées globales concernant cette profession.

5° La boisson responsable a été l'eau-de-vie dans la proportion de 83,47 p. 190.

Qu'on nous permette donc de le redire : répandre la Croix-Blanche, c'est servir très efficacement l'œuvre du recrutement sacerdotal, puisque c'est assainir le terrain où doivent germer les vocations. Tout récemment encore, nous avons dû dissuader des prêtres de diriger vers l'état ecclésiastique des enfants qui semblaient personnellement bien disposés, mais chez lesquels il fallait redouter pour plus tard les conséquences d'une origine empoisonnée.

II

Pour encourager la fécondité des Foyers.

Il y avait autrefois chez nous un proverbe qui, sous une forme pittoresque, exprimait la confiance de nos pères en la Providence. Pour s'encourager à ne pas limiter par des calculs de prudence exagérée la fécondité de leurs foyers, ils disaient :

Quand Dieu donne un poulain,
Il ajoute une botte de foin.

Ce proverbe m'est revenu à la mémoire en juin dernier, au cours de la visite que je reçus d'un jeune agriculteur lyonnais que j'avais placé pour y faire un stage dans une exploitation agricole de notre région. Il a deux frères prêtres et il me raconta que son père, au banquet familial qui suivit la première messe du plus jeune, avait rappelé les soucis que parfois lui donna sa nombreuse famille. « Mais, ajouta-t-il, j'ai toujours eu confiance en la Providence et ma confiance n'a jamais été trompée, car chacun de mes enfants en venant au foyer y a toujours apporté son pain ».

Presque en même temps que cette visite, je recevais une lettre d'un père de famille qui a occupé en France une très haute situation politique. Il avait lu une brochure que je publiai l'an dernier sur le « Néo-Malthusianisme (1) des Catholiques », et il m'écrivait : « Je vous prie de me permettre de vous en féliciter. Je crois en effet connaître assez bien cette question en ma qualité de père de famille catholique et de grand-père de cinquante-huit petits-enfants, ce qui indique un certain âge et une certaine expérience du sujet.

« Combien vous avez raison de recommander sur ce point l'enseignement de saint François de Sales ! Heureusement pour moi, ce fut mon guide au moment de mon mariage. J'avais eu la bonne fortune de trouver l'*Introduction à la Vie dévote non épurée* (2) dans la bibliothèque de ma femme.

(1) Le néo-malthusianisme est la doctrine et la pratique de ceux qui, *par de coupables procédés*, limitent la fécondité de leurs foyers. La brochure en question se trouve aux éditions *Spes*, rue Soufflot, 17, Paris (Ve).

(2) Il s'agit de chapitres sur le mariage qu'on a eu le tort de supprimer en beaucoup d'éditions du livre de saint François de Sales.

« Mais vous me permettrez d'ajouter quelques mots au sujet de votre dernier chapitre consacré aux moyens d'aider les catholiques à remplir leur devoir. Je suis de ceux qui ont proclamé le plus énergiquement dans nos congrès la nécessité de rendre la pratique facile et même avantageuse.

« Il y aurait plusieurs chapitres à écrire sur ce point, mais ce qu'il reste à faire ne doit pas être envisagé seulement du point de vue matériel, ou naturel, ou rationnel. Je me permets de penser que dans toute question morale nous devons, nous chrétiens, nous placer toujours dans le surnaturel. C'est donc dans le plan du surnaturel que je m'attends toujours à entendre la question traitée par des prêtres et je dois avouer que je suis souvent déçu dans mon attente. Je crois fermement à la Providence, et toute ma vie m'a montré que j'avais raison de prendre au sérieux les paroles de l'Evangile qui affirment qu'il ne tombe pas un cheveu de notre tête, sans que Dieu l'ait voulu. Dieu aide ceux qui ont confiance en lui, aussi ne vois-je pas sans peine dénigrer la croyance à la Providence. Je lisais récemment un livre catholique sur la famille, ses devoirs, ses charges, et je ne pouvais me défendre d'être choqué de le voir faire chorus avec les adversaires de ce qu'il appelle le « providentialisme béat ».

Sans doute, il ne faut pas encourager les insouciants à mettre des enfants au monde, sans penser en même temps au moyen de les élever.

« Mais il faut bien se garder de leur laisser croire que Dieu ne vient pas en aide à ceux qui font leur devoir : aide-toi, le Ciel t'aidera! Confiance en Dieu entraîne confiance en soi, plus d'efforts, plus de travail, plus de sobriété.

La raison, la prudence jouent leur rôle dans les actions humaines, mais il ne faut pas les exagérer, sans quoi on tombe dans le rationalisme qui n'est qu'à deux doigts du matérialisme.

« Si l'homme devait attendre d'avoir sûrement de quoi élever ses enfants avant de s'exposer à en avoir, il n'en aurait jamais! Il faut donc laisser une large part à cette intervention mystérieuse que l'on appelle la chance, mais que nous autres, chrétiens, nous appelons la Providence.

« Depuis longtemps je remarque que c'est un sujet sur lequel on ne prêche pas assez. Il est cependant d'importance capitale, il est la clé des déterminations humaines. C'est pourquoi, Monsieur le Supérieur, j'ai pris la liberté de vous en dire mon sentiment. Vous allez sans doute m'accuser de faire le gros Jean qui veut en remontrer à son curé, mais je n'ai pu me retenir de vous dire ce que je pense. Au lieu de se laisser démonter par la parole vulgaire : « Ce n'est pas « Dieu qui les nourrira », pourquoi ne pas répondre : « Qu'en savez-vous? Il les nourrira si vous le lui demandez. »

« Certes, quand je me suis marié, je n'étais pas en position d'élever dix enfants, ni de voir mes dix enfants me donner cinquante-huit petits-enfants! Ils sont tous venus cependant, et ils n'ont jamais manqué de rien. Et combien ai-je connu de bons amis dans le même cas que moi, et que Dieu n'a pas abandonnés parce qu'ils croyaient en la Providence. La Providence, c'est le surnaturel; croit-on qu'on puisse faire du Christianisme sans surnaturel? »

Mon honorable correspondant à qui j'avais envoyé le bulletin reproduisant la lettre qu'on vient de lire m'en a remercié aimablement et il a ajouté : « Nous avons eu, cette année, la douleur de perdre un fils, mais il est né deux petits-enfants de plus et un arrière-petit enfant. L'effectif ne diminue pas et nous croyons toujours en la Providence. *Il ne manquera pas de foin pour les poulains.* »

III

Le Recrutement sacerdotal et religieux au Canada

Au cours des dernières vacances, j'ai passé deux mois dans la province de Québec, au Canada. C'est une province française, on pourrait dire normande, tant est grand le nombre des habitants dont les ancêtres étaient de notre pays. J'y ai vu de magnifiques communautés religieuses dont plusieurs ont actuellement plus de deux cents novices. Les paroisses catholiques s'y multiplient. La ville de Montréal qui, il y a quarante ans, pour deux cent mille habitants en avait une vingtaine, en compte aujourd'hui cent dix pour un million deux cent mille habitants. Il en est de même dans les campagnes à mesure qu'on y défriche de nouveaux territoires. Et pour desservir toutes ces paroisses, on n'a plus besoin comme jadis du concours des prêtres venus de France. Le clergé du pays y suffit largement. Les séminaires, petits et grands, sont de plus en plus peuplés et on vient de fonder un Séminaire des Missions étrangères sans parler de la contribution royale fournie par le Canada à toutes les Congrégations vouées à l'Apostolat.

Comment s'explique ce magnifique recrutement sacerdotal et religieux?

Par deux raisons utiles à méditer.

La première, c'est que les familles canadiennes françaises et catholiques sont très nombreuses. Chaque foyer compte 10, 12, 15 enfants et parfois davantage. On peut donc, sans le dépeupler, y faire la part de Dieu.

La seconde, c'est que tous les enfants catholiques sont élevés dans des écoles chrétiennes. Dans chaque paroisse, en dehors du Conseil municipal qui veille aux intérêts matériels de la commune, et du Conseil de Fabrique, qui pourvoit aux frais du culte, il y a une commission scolaire élue par les familles qui, légalement, a autorité pour percevoir les taxes nécessaires à la fondation et à l'entretien de l'école catholique.

Tous les enfants catholiques sont donc élevés dans l'atmosphère qui leur convient et rien, par conséquent, ne s'oppose au développement des germes de vocation.

Et chez nous?

Chez nous, hélas! ce n'est pas comme au Canada catholique et français. De coupables calculs ont restreint frauduleusement la fécondité des foyers, d'où il suit qu'on manque tout à la fois de bras pour l'agriculture et l'industrie et de mains consacrées pour élever la sainte Hostie au-dessus de nos autels. S'il y a encore en France des prêtres et des religieux, c'est aux familles nombreuses que nous en sommes surtout redevables, ainsi que le démontre une récente statistique. Une enquête faite sur 69 maisons religieuses établit que les 11.459 familles auxquelles appartiennent les religieux ou religieuses de ces Communautés ont au total 76.996 enfants, soit près de sept par foyer. Une autre enquête portant sur 53 grands séminaires a démontré que les 3.887 familles qui ont donné à Dieu leurs fils élèves de ces 53 maisons ont eu au total 18.980 enfants, soit près de cinq par famille.

Je demandais un jour à un enfant de dix ans, en qui je croyais discerner des aptitudes, ce qu'il comptait faire plus tard :

— Je veux être prêtre, me répondit-il.

— Comme votre frère qui est déjà au Petit

Séminaire. Mais vos parents voudront-ils bien y consentir? S'ils donnent au Bon Dieu deux de leurs enfants, combien leur en restera-t-il?

— Ils en auront encore huit! me répondit triomphalement mon jeune interlocuteur.

Hélas! Il y a des parents à qui il suffirait d'en donner un pour qu'il ne leur en reste plus. Et voilà la première et la principale difficulté que rencontre le recrutement sacerdotal.

Mais ce n'est pas tout, et il y a un mal plus grave encore. Les quatre cinquièmes au moins des petits garçons de notre diocèse fréquentent des écoles où la religion n'a pas de place. En de telles écoles, l'âme des enfants prédestinés est comme une semence jetée dans une terre sans soleil. Il n'est pas besoin qu'on détruise cette semence, il n'y a qu'à la laisser dépérir. Ainsi en est-il du germe de la vocation.

Il y a des parents qui se rassurent parce qu'on ne combat jamais la foi de leurs enfants. Mieux vaudrait peut-être cependant qu'elle fût attaquée, car l'attaque provoquerait une réaction, au lieu que la réserve prescrite par la neutralité, et l'exemple des maîtres qui se passent de religion, constituent pour les pauvres enfants une leçon de choses permanente qui leur persuade peu à peu, sans qu'ils s'en doutent, que la religion n'est pas utile et par conséquent qu'on n'a pas besoin de prêtres.

Le recrutement du clergé en notre pays ne redeviendra normal que lorsque les écoles seront redevenues chrétiennes. Et, en attendant, le devoir des catholiques est de soutenir leurs trop rares écoles libres et d'entourer de toutes leurs sympathies, concours et dévouement, toutes les œuvres d'éducation chrétienne : catéchismes, patronages, associations de la jeunesse catholique, qui s'efforcent de suppléer à ce qui manque à nos écoles françaises.

IV

Le chef-d'œuvre des familles.

Voici en quels termes le Supérieur du Petit Séminaire de Beaupréau (1) — dont, pendant douze années, j'ai pu apprécier au Grand Séminaire d'Angers les excellentes recrues, — présen-

(1) Beaupréau, au diocèse d'Angers, se trouve dans la Vendée angevine qui est peut-être la région la plus religieuse de France.

tait ce chef-d'œuvre à la dernière distribution des prix :

« Les 253 élèves actuellement au Petit Séminaire nous viennent de 238 familles. Ces 238 familles, dont 46 pourtant ont perdu leur chef à la guerre, représentent le chiffre magnifique de 960 *enfants vivants*. J'éprouvais une émotion profonde à faire ce relevé et à noter de pareils chiffres; 238 familles, 960 enfants vivants! 22 comptent chacune de 8 à 16 enfants. Faisons, si nous le pouvons, le total de tous les dévouements, de tous les sacrifices que cela représente. En voilà des familles vivantes; et quels trésors, Monseigneur, se trouvent ici à vos côtés!

Pourtant, qu'est-ce donc qu'un chiffre, et combien plus précieux encore est l'esprit de ces familles. Nos élèves reçoivent leur vocation de Dieu, c'est vrai; Lui seul appelle par la voix de l'Eglise; cependant, à contempler toutes ces familles qui sont venues ici, souvent, je me suis répété à moi-même, le soir d'une rentrée ou le soir d'une sortie : leur vocation, ils l'ont dans le sang! Le Petit Séminaire a constaté, maintes et maintes fois, sur les jeunes qui entrent, le travail magnifique des familles, l'admirable chef-d'œuvre des mères. Un peintre, un sculpteur, un architecte peuvent nous donner une joie parfaite des yeux et de l'esprit par une œuvre bien venue, avec l'illusion de la vie et du mouvement. Mais tout cela n'est presque rien auprès des artistes, pères et mères de famille, qui, finement, jour après jour, ont ciselé un chef-d'œuvre et nous l'ont envoyé, pour l'Eglise. Esprit d'obéissance et de sacrifice, fidélité aux conseils, amour du devoir, droiture et loyauté, ensemble harmonieux d'une finesse exquise et d'une fermeté à toute épreuve. Voilà ce que nous donne, mesdames, messieurs, le long et patient travail de votre affection. »

CHAPITRE III

NE LAISSEZ PAS DÉTRUIRE LES PÉPINIÈRES

I

Quels sont ceux qui détruisent... ou laissent détruire les pépinières?

D'où viennent les pommiers dont, au printemps, les fleurs blanches et roses font à notre campagne normande une si gracieuse parure?

— Des pépinières où on les a élevés.

— Et que diriez-vous de ceux qui détruiraient les pépinières?

— Qu'ils sont des fous ou des malfaiteurs.

— Vous avez raison. Mais, dites-moi, d'où viennent les prêtres que tant de paroisses réclament?

— Du Séminaire.

— Oui, et c'est précisément pour cela qu'on l'appelle Séminaire, c'est-à-dire pépinière : le Séminaire est une pépinière de prêtres.

— Mais les futurs prêtres ou Séminaristes, d'où viennent-ils?

— De nos Collèges ecclésiastiques.

— Et ceux-ci, qui les recrute!

— Les familles chrétiennes, les écoles libres, les œuvres de jeunesse catholique.

— Qui, vous le voyez, sont autant de pépinières pour le recrutement du clergé. Or, pensez-vous que, depuis cinquante ans, en France, on ait beaucoup favorisé ces pépinières?

— Hélas! Non, on a laïcisé les écoles, chassé nos Séminaristes de Coutances, expulsé les élèves des Collèges si florissants de Mortain, de Saint-Lô et de Valognes. Quant aux patronages catholiques et aux écoles libres, c'est à peine si on les tolère, en tout cas, jamais il n'y a pour eux aucune subvention. Le Conseil général de la Manche a voté, il y a quelques années, une prime de trois cents francs à tout instituteur qui présenterait un élève à l'école normale. Mais malgré la détresse de plus de deux cents paroisses qui réclament un curé, on n'a jamais entendu dire qu'il ait songé à encourager les prêtres qui présenteraient des élèves au Séminaire ou à faire restituer les bourses fondées en faveur des élèves ecclésiastiques confisquées à l'époque de la Séparation.

— Et comment appelez-vous ceux qui s'emploient avec tant d'acharnement à détruire en France les pépinières du clergé?

— Ce sont des malfaiteurs.

— Oui..., du moins, s'ils ne veulent plus de prêtres, on comprend qu'ils cherchent à empêcher leur recrutement. Mais que pensez-vous de ceux qui, voulant des prêtres, laissent détruire les pépinières d'élèves ecclésiastiques?

— Ce sont des inconscients.

— Et vous avez raison. Mais le malheur c'est qu'ils sont encore nombreux dans notre diocèse, ceux qui tombent dans une si déplorable inconséquence.

— Quels sont-ils donc à votre avis?

— Ce sont ceux qui lisent et par là même favorisent les journaux opposés à toutes nos œuvres d'éducation chrétienne, ceux qui votent pour des candidats hostiles à nos écoles catholiques.

Quelle inconséquence!

Il y a des centaines de paroisses qui s'impatientent de ne pas recevoir de prêtre, qui sont disposées, pour en avoir, à tous les sacrifices : réparations de presbytères, restauration d'église... et parmi les habitants de ces paroisses, il en est encore qui se désintéressent des œuvres d'éducation chrétienne.

Ils sont comme un laboureur qui, lorsque disparaissent ses beaux pommiers, s'impatienterait de n'en voir pas venir d'autres à la place, ne se préoccuperait pas de savoir s'il y a des pépinières, irait même jusqu'à encourager de ses suffrages ceux qui s'acharnent à les détruire.

II

Pourquoi périssent les germes de Vocation.

Si, depuis quelques années, le nombre des élèves ecclésiastiques a tant diminué chez nous, est-ce donc que Dieu répandrait en France les germes de vocation d'une main moins libérale?

— Non, assurément, mais ces précieux germes périssent parce que les enfants sont mal élevés.

— Mais, dira quelqu'un, est-ce d'aujourd'hui que les enfants sont mal élevés?

— Il y a toujours eu des enfants mal élevés. Mais depuis un demi-siècle, l'éducation devient plus mauvaise, de plus en plus irréligieuse.

— Pourquoi?

— Parce que ceux qui doivent collaborer à cette éducation ne s'entendent plus.

— Quels sont donc ces collaborateurs qui ont cessé de s'accorder?

— Il y en a trois : la famille, le prêtre, l'instituteur.

Autrefois on voulait qu'il y eût parfait accord entre ces trois autorités éducatrices. Dans notre pays qui est catholique, on comprenait qu'il fallait donner aux enfants des maîtres catholiques. L'Ecole normale avait une chapelle et un aumônier. Les instituteurs ne se contentaient pas d'enseigner le catéchisme, ils donnaient à leurs élèves l'exemple de la fidélité aux devoirs religieux, de l'assistance à la messe et de la communion pascale.

Or, c'est par l'exemple surtout que se fait l'éducation. Il n'est donc pas surprenant que, dans ce temps-là, la foi et les vertus chrétiennes eussent plus de facilité de s'épanouir dans l'âme des enfants. Il en était de même des germes de la vocation sacerdotale. Pour que le blé puisse lever, croître et mûrir dans les sillons, il faut que la chaleur ambiante du printemps et celle de l'été exercent sur lui successivement leur influence.

C'est, de même, la bienfaisante action des exemples dont ils sont entourés qui fera épanouir le germe de la vocation dans l'âme des enfants prédestinés. Pour que l'enfant persévère dans son intention de se donner à Dieu, de se consacrer au service de l'Eglise, il faut qu'il vive dans une atmosphère où tout lui parlera de Dieu et de l'Eglise. Or, depuis quarante ans, dans les écoles publiques, il est défendu de parler de Dieu et de l'Eglise. Il est interdit aux maîtres d'accompagner les enfants à la messe. La plupart des instituteurs et beaucoup d'institutrices n'assistent pas aux offices. On a enlevé le crucifix de l'école pour mieux montrer aux enfants, par une véritable leçon de choses, qu'on peut désormais se passer de Jésus-Christ. Il a fallu, naguère encore, dans beaucoup de nos paroisses, qui en furent si tristement troublées, engager une véritable guerre pour faire retirer des mains de nos pauvres petits enfants des livres qui insultaient la Religion (1). Aujourd'hui encore le catéchisme

(1) Tout récemment, *L'Echo de Paris* racontait comment est distribuée aux enfants des écoles une image représentant Charlemagne, avec le texte suivant :

« Mais l'œuvre du grand conquérant est trop fragile pour subsister longtemps; l'Eglise seule en tire profit : le Pape, jusqu'alors simple évêque de Rome, devient le Souverain Pontife et rêve de la domination universelle, origine de la lutte toujours si vive du clergé contre la liberté et la civilisation. »

Au-dessous du texte figure la mention : *Récompense à l'élève.* Et l'instituteur ou l'institurice n'a plus qu'à

n'a pas le droit de figurer dans leur pupitre, — ni le nom de Dieu dans leurs livres de classes, si ce n'est pour mettre en doute son existence, — ni celui de Jésus-Christ, si ce n'est pour contester sa divinité et celle de son Eglise.

Et on s'étonne après cela que des enfants, qui avaient eu le désir de se donner à Dieu et à l'Eglise, se désintéressent, au bout de quelques années, de ce Dieu et de cette Eglise dont, à longueur de classes, ils voient qu'on ne tient pas plus compte que des idoles des vieux Romains ou des fétiches des sauvages de l'Afrique. N'a-t-on pas, en effet, la prétention, aujourd'hui, dans l'enseignement public, de mettre la religion chrétienne sur le même rang que toutes les superstitions païennes?

L'influence de la famille et celle du prêtre suffisent encore jusqu'à nouvel ordre à maintenir chez les élèves des écoles sans Dieu un reste de pratiques religieuses. Mais il est rare qu'elles arrivent à sauvegarder le germe de la vocation

ajouter le nom de l'élève récompensé. Ainsi, la récompense, pour l'enfant, sera d'apprendre que le Pape rêve de la domination universelle et que le clergé n'a jamais cessé de lutter contre la liberté et la civilisation...

Un tel enseignement est-il de nature à encourager dans leur vocation les enfants qui rêvaient d'entrer dans les rangs d'un clergé ainsi disqualifié?

qui aurait besoin, pour s'épanouir, d'une plus chaude atmosphère religieuse. Voilà pourquoi on ne rencontre plus guère de vocations que dans les paroisses privilégiées qui ont des écoles chrétiennes ou des associations de la jeunesse catholique.

Il y a quelques mois, un directeur de Séminaire de la région de l'Est me disait :

« A la rentrée dernière, sur onze nouveaux élèves, nous en avions dix de la ville et un seul de la campagne. Autrefois c'était le contraire, car nous avons surtout des paroisses rurales et ce sont les plus chrétiennes.

— A cela rien d'étonnant, lui répondis-je, car, chez vous, il n'y a que les villes qui aient des écoles chrétiennes et des patronages où les germes de la vocation puissent s'épanouir. Ces germes sont, dans les campagnes, aussi nombreux que par le passé. Mais l'absence de Dieu à l'école est pour eux comme l'absence de soleil, faute duquel ces précieux germes dépérissent. »

Nos paroisses rurales du diocèse de Coutances donnent encore des vocations sacerdotales, parce qu'il s'y trouve des familles assez chrétiennes pour suppléer aux insuffisances de l'école neutre. Mais déjà on remarque, même chez nous, que le recrutement se fait de plus en plus dans les villes qui ont l'avantage de posséder des écoles catholiques.

Il y a deux diocèses, non loin de chez nous, celui de Rennes et celui d'Angers où le nombre des Séminaristes n'a presque pas diminué. Pouquoi? Parce que ces deux diocèses ont, même à la campagne, un nombre considérable d'écoles chrétiennes grâce en particulier aux vicaires instituteurs dont le concours est si précieux.

De tout ce qui précède, nous devons conclure qu'il faut :

1° Continuer au prix des plus grands sacrifices à soutenir nos maisons d'éducation chrétienne, non seulement celles de garçons mais aussi celles de filles, parce que les mères chrétiennes qui s'y forment seront toujours les meilleures ouvrières du recrutement sacerdotal par l'éducation religieuse qu'elles savent donner à leurs enfants;

2° Contribuer au recrutement de nos écoles, de nos collèges et pensions catholiques. Il y a des parents qui se font à cet égard de très pernicieuses illusions. Rien n'est plus triste que de voir des familles catholiques choisir la maison où seront élevés leurs enfants sans tenir *aucun compte* de l'éducation religieuse qu'il y recevra.

Des païens n'agiraient pas autrement. Est-il

besoin de demander à ceux qui allégueraient que l'enfant va à la messe, s'ils s'imaginent que cela suffit pour réagir contre tout un ensemble d'enseignements et d'exemples qui ne sont rien moins que religieux?

3° Favoriser toutes les associations d'enfants et de jeunes gens qui ont pour but, dans les paroisses, de compléter l'instruction et l'éducation chrétienne de la jeunesse;

4° S'intéresser de plus en plus à l'œuvre si essentielle des catéchismes.

Aucun de nos lecteurs, — même parmi les membres de l'enseignement public dont plusieurs veulent bien s'intéresser à notre œuvre, — ne pourra, je l'espère, être froissé de ce que je viens d'écrire. Beaucoup d'instituteurs et d'institutrices souffrent eux-mêmes, dans leurs convictions de catholiques, d'un état de choses qui leur interdit de collaborer comme autrefois à l'éducation chrétienne des enfants et sont humiliés de voir un trop grand nombre de leurs collègues s'insurger contre la religion. Ce sera donc leur rendre service à eux-mêmes que de réclamer, comme le doivent faire en toute occasion les catholiques, la réforme des lois scolaires. Nous ne refusons pas aux protestants le droit d'avoir des écoles protestantes, ni aux libres penseurs d'avoir des écoles sans Dieu, mais, puisque nos paroisses sont catholiques, il faut qu'elles puissent avoir des écoles catholiques, et puisque toutes les paroisses du diocèse, sans aucune exception, veulent avoir des prêtres, il faut que les germes de vocation déposés dans l'âme des enfants en aussi grand nombre qu'autrefois ne soient pas indéfiniment exposés à périr parce que l'éducation se fait sans Dieu sinon, hélas! trop souvent contre Dieu et contre l'Eglise.

III

Fausses routes

Nous avons dit bien souvent que le motif principal de l'insuffisance actuelle du recrutement sacerdotal, c'est que la plupart des écoles primaires de France sont devenues anti-chrétiennes. Il faut, chez un enfant appelé par Dieu au sacerdoce, une fermeté de conviction et une énergie de volonté exceptionnelles, pour conserver sa vocation durant cinq ans dans une école où Dieu et l'Eglise sont ignorés sinon attaqués et blasphémés.

Il y a cependant des catholiques qui ne comprennent pas encore l'importance des écoles chrétiennes et qui se laissent impressionner par le raisonnement que, naguère, dans une ville du diocèse, un conseiller municipal employait pour persuader à ses collègues de refuser aux enfants pauvres de ces écoles une très modique subvention municipale :

« Il y a, — disait ce conseiller auquel sa situation de professeur gagé par l'Etat aurait dû inspirer plus de pudeur, — il y a des routes tracées pour tout le monde, que ceux qui n'en veulent pas s'arrangent pour se faire à eux-mêmes un autre chemin. »

Avant de prendre une route, il faut savoir où elle conduit. Votre route conduit les enfants à l'impiété ou au moins à l'indifférence religieuse. C'est pour cela que nous n'en voulons pas. L'Etat, qui impose aux catholiques comme aux autres les charges énormes du budget de l'Instruction publique, n'a pas le droit de les obliger à mettre leurs enfants dans des écoles qui ne conviennent qu'à des libres penseurs.

C'est comme si le service de la voirie obligeait tous les voyageurs à prendre la route de Saint-Lô. — Mais pardon ! c'est à Coutances que je veux aller.

Vous voulez faire de vos enfants des impies ou tout au moins des indifférents? Conduisez-les à une école irréligieuse.

Mais si vous voulez en faire des catholiques, conduisez-les à une école chrétienne.

De même donc qu'il y a une route pour aller à Coutances aussi bien qu'une autre pour aller à Saint-Lô, il faut qu'il y ait des écoles catholiques pour les enfants catholiques et que l'énorme budget de l'Instruction publique dans lequel on n'a fait aucune économie, pas même celle des nombreuses écoles sans élèves, et dont la charge pèse sur les catholiques comme sur les autres, ne soit pas utilisé exclusivement par les libres penseurs et les impies.

Les parents ont le droit de choisir leurs écoles comme les voyageurs de choisir leurs routes. Et tous ceux qui supportent la charge du budget de l'Instruction publique et du budget communal doivent pouvoir en bénéficier.

Comprendre et publier cette vérité c'est travailler au recrutement sacerdotal, parce que c'est préparer le terrain où pourront se développer les vocations.

IV

Que deviendra ce pauvre enfant?

Je ne rencontre presque jamais un Curé sans lui demander s'il n'y aurait pas dans sa paroisse quelque jeune recrue pour le Séminaire. « Hélas ! me fut-il répondu naguère, j'avais en vue un de mes enfants du catéchisme, pieux, intelligent, issu d'une famille chrétienne, visiblement prédestiné. Mais ses parents se sont laissés séduire par de belles promesses et le pauvre enfant est parti pour l'école primaire supérieure. Que deviendra-t-il? »

Comme son Curé, je me le demande avec tristesse : Que sera dans quelques années cet enfant en qui Dieu semblait bien avoir déposé le germe d'une vocation sacerdotale? Lui restera-t-il seulement une étincelle de la foi chrétienne? Au lieu de prêcher l'Evangile dans une de nos paroisses du diocèse et d'y apprendre aux petits enfants à connaître et à aimer Notre-Seigneur, ne sera-t-il pas dans quelque école primaire occupé à semer dans l'âme de ses élèves des germes de doute contre l'enseignement de leur Curé?

On a bien dit à ses parents, pour calmer leurs inquiétudes, qu'il irait à la messe le dimanche, qu'il serait libre de conserver ses pratiques religieuses.

— Oui! sans doute, pauvres parents, il est possible, à la rigueur, qu'il reste chrétien, surtout s'il a une volonté énergique et si vous l'aidez de tout votre pouvoir à se préserver de toutes les influences irréligieuses dont il est environné.

Mais, si, à la rigueur, c'est possible, est-ce probable? et pouvez-vous nier que sa foi ne soit en danger dans cette école où vous l'avez laissé aller? Et comment se fait-il qu'un tel danger vous laisse indifférents?

Lorsque partit pour la guerre son frère aîné qui n'en est pas revenu, suffisait-il pour vous rassurer de penser que quelques-uns en revenaient?

Des écoles primaires supérieures, il revient beaucoup moins d'enfants chrétiens qu'il n'est revenu de survivants de la grande guerre.

Et comment en serait-il autrement? Tant que votre enfant fréquentait l'école primaire de la commune, c'était sans doute un grand danger d'y vivre six heures par jour sous l'influence d'un maître sans religion. Mais du moins, chaque soir, chaque jeudi et chaque dimanche, il se replongeait dans l'atmosphère chrétienne de la famille.

Le voilà maintenant dans une école d'où il ne sortira plus qu'aux vacances, sous la direction exclusive de maîtres dont quelques-uns sont hostiles à la religion et les autres indifférents, en compagnie de camarades dont la plupart appartiennent à des familles irréligieuses. Comment voulez-vous que ce pauvre petit enfant garde sa foi chrétienne?

Et qui sera surtout responsable de son apostasie? Son père et sa mère! C'est à eux que Dieu reprochera la perte de cet enfant, c'est à eux qu'Il demandera compte des âmes que cet enfant eût sauvées dans la paroisse dont il devait être le curé et de celles qu'il pervertira dans l'école sans Dieu où ils ont rêvé qu'il devienne instituteur.

P. S. — Nous prions nos chers lecteurs de ne voir dans les lignes qui précèdent aucune malveillance à l'égard des instituteurs. Nous avons pour tous ceux qui respectent la foi des enfants la plus grande sympathie et nous sommes particulièrement reconnaissants à des institutrices communales de l'intérêt qu'elles portent à notre association.

Mais il faut bien voir la situation telle qu'elle est.

Les paroisses veulent des prêtres : c'est incontestable. Or il est évident qu'il y a des enfants, comme celui dont il est question plus haut, qui sont positivement détournés du sacerdoce. Il n'est pas moins certain que, d'une façon très générale, et sauf de très honorables et très rares exceptions, la formation donnée aux futurs maîtres de nos écoles communales dans les écoles primaires supérieures et les écoles normales en fait des adversaires de la religion ou tout au moins des incroyants qui donneront aux enfants l'exemple de l'indifférence en matière religieuse quand ce n'est pas celui d'une véritable hostilité (1).

Et il n'y a de remède à cette situation que dans le retour à l'école confessionnelle, c'est-à-dire à l'école catholique pour les enfants catholiques, celle-là seule étant capable, avec le concours des parents, de former des chrétiens et de favoriser l'éclosion des vocations sacerdotales.

(1) Tout récemment, un ancien professeur de l'Université, M. Guiraud, signalait en ces termes le *Manuel de Sociologie* de MM. Hesse et Gleyse, adopté par la plupart des écoles normales primaires : « C'est dans ce livre que les maîtres de la jeunesse, — ceux qui instruisent les quatre cinquièmes des enfants, — apprendront ce qu'on doit penser de la religion, de la famille, de la société, et de toutes les notions morales et politiques afin de l'enseigner à leur tour à leurs élèves. Or je ne connais rien de plus anti-chrétien et de plus anti-familial que ce manuel en quelque sorte officiel.

V

Pourquoi ce jeune homme ne viendra pas au Séminaire

Nous avons vu pourquoi des enfants prédestinés par Dieu au sacerdoce prennent, dès l'âge de 12 ans, une direction qui les détourne à peu près infailliblement du Séminaire.

Il y en a d'autres qui, à cet âge si souvent décisif, ont pris la bonne voie. Ils sont entrés dans un de nos collèges ecclésiastiques et leurs parents aussi bien que leurs maîtres les ont toujours regardés comme des élèves ecclésiastiques. Voici maintenant qu'ils arrivent à la fin de leurs études et, tout d'un coup, on apprend qu'ils ne viendront pas au Séminaire.

Pourquoi?

Est-ce la preuve qu'ils n'étaient pas appelés de Dieu?

— Quelquefois, pas toujours.

Quand la vocation d'un jeune homme paraît douteuse, il y a deux choses à faire pour éclaircir cette question si délicate :

1° S'assurer qu'il y a bien en lui les aptitudes nécessaires : vertu, intelligence, jugement, santé, honorabilité de sa famille et que si de ce dernier côté par exemple, quelque chose laisse à désirer, il y a, dans sa valeur personnelle, de sérieuses compensations.

2° Les aptitudes bien constatées, il s'agit de discerner s'il y a des chances qu'apparaisse dans cette âme de jeune homme le germe caché de la vocation, c'est-à-dire l'intention de se consacrer au service de l'Eglise parce qu'il aura reconnu que c'est là le meilleur emploi qu'il puisse faire de sa vie.

Or pour que ce germe précieux se développe et apparaisse — supposé qu'il existe, — deux conditions sont nécessaires : une vraie piété et le souci de l'apostolat. Et vous voyez bien dès à présent que, s'en préoccuper, ce n'est pas s'exposer à trancher prématurément la question de la vocation, car il n'y a pas, dans nos collèges catholiques, un seul élève, quelle que soit sa destinée, qui, — précisément parce qu'il bénéficie d'une éducation chrétienne, — ne soit obligé de développer sa piété et ses aptitudes à faire plus tard du bien autour de lui.

Et voilà pourquoi nos écoles catholiques sont le terrain où normalement doivent se développer les vocations ecclésiastiques, comme le champ cultivé est le terrain où doit pousser le blé.

Mais il y a dans les meilleurs champs des grains de blé dont le germe meurt avant qu'il soit monté en épi et des vocations qui se perdent dans nos écoles catholiques.

C'est donc qu'il y a des adolescents dont la piété ne s'est pas développée et qui n'ont plus le souci de l'apostolat.

— Mais si ! pourtant, il avait le souci de l'apostolat, me disait un Curé, parlant de son paroissien, élève de philosophie, qui l'a chargé d'annoncer à sa pieuse mère qu'elle devait renoncer au rêve depuis si longtemps caressé de voir son fils entrer au Séminaire.

— Peut-être, en apparence, car il y a une certaine activité qui se déploie au service des œuvres catholiques et qui ne procède que du besoin de mouvement si naturel à la jeunesse, peut-être même d'un certain amour-propre qui porte à se mettre en évidence. « Il semble souvent que ce soit l'amour de Dieu, dit l'**Imitation**, en réalité c'est l'amour-propre. »

Votre jeune homme avait-il le souci d'entretenir en son âme l'amour de Dieu et, par exemple, dites-moi, cher Monsieur le Curé, le voyiez-vous souvent communier pendant les vacances?

— Non, presque jamais et j'en étais surpris et inquiet.

— Et vous n'aviez que trop raison de vous inquiéter, car on peut bien dire que le germe de la vocation, dans l'âme de votre pauvre jeune homme, est mort d'inanition. « Mon cœur s'est desséché, dit le psaume, parce que j'ai oublié de manger mon pain. »

CHAPITRE IV

N'EMPÊCHEZ PAS L'ACCÈS DU SÉMINAIRE

I

Lettre de M. le Supérieur du Grand Séminaire à une Mère de famille

Toutes les fois que j'ai occasion de m'entretenir avec les prêtres du diocèse, curés ou vicaires, je leur demande si, parmi les enfants qu'ils ont au catéchisme, il ne s'en trouve pas qui semblent avoir la vocation sacerdotale. Cette question, parfois, provoque de douloureuses confidences : « Ah ! oui, j'en aurais bien un qui est pieux, intelligent et qui, volontiers, viendrait au presbytère pour y recevoir les premières leçons de latin, mais ses parents s'y opposent... »

Les parents ?... Est-ce le père, ou la mère ?

Plus ordinairement en pareil cas, c'est du côté

paternel que se trouve l'obstacle. La mère voudrait bien, elle en serait heureuse, mais le père n'est pas religieux ou bien il prétend avoir besoin de son fils sur lequel il compte pour l'aider et remplacer un domestique.

Il est arrivé cependant plusieurs fois, ces temps derniers, que ce soit la mère elle-même qui refuse son consentement.

C'est à cette mère que j'adresse la lettre suivante pour laquelle je sollicite sa bienveillante attention.

Madame,

Vous m'excuserez de vous écrire cette lettre, bien que je n'aie pas l'honneur de vous connaître et que, sans doute, je sois pour vous moi-même un inconnu. Mais il s'agit de votre petit enfant auquel je m'intéresse, ce qui ne doit pas vous déplaire, car une mère est toujours flattée que son enfant soit remarqué parmi ses camarades.

Et en effet, Monsieur votre Curé m'a dit que votre petit garçon est pieux, intelligent, d'un caractère aimable, qu'il est docile et laborieux, que sa famille est honorable, et qu'il ne demanderait pas mieux que d'étudier pour être prêtre. Cette confidence m'a rempli de joie. Mais combien douloureuse a été ma surprise d'entendre dire que vous, Madame, qui êtes une mère chrétienne, qui avez si bien élevé ce cher enfant, non seulement vous ne favorisez pas sa vocation, mais que vous refusez formellement de le laisser aller au presbytère.

Avez-vous bien réfléchi aux conséquences de votre refus?

Vous croyez en Dieu, vous avez souvent recours à Lui. Le premier cri qui, instinctivement, monte à vos lèvres chaque fois que vous êtes dans la détresse c'est : « Mon Dieu, oh! mon Dieu! » Ce cri, vous l'avez fait entendre près du berceau de votre petit enfant lorsqu'il était malade. Dieu vous a exaucée de préférence à tant de pauvres mères qui ne veulent pas être consolées de la perte du leur. Mais votre fils est encore exposé à bien des dangers. A qui aurez-vous recours pour le protéger, pour vous protéger vous-même et toute votre famille? Si vous persistez à refuser à Dieu votre enfant qu'Il vous fait l'honneur de vous demander, comment oserez-vous encore avoir recours à Lui dans vos épreuves? Si, aujourd'hui, votre voisin vous refuse un service, serez-vous disposée à l'obliger demain?

Demain et tous les jours, vous aurez besoin de Dieu, vous, votre enfant et toute votre famille.

Ne lui refusez donc pas ce qu'il vous demande aujourd'hui.

Ne restez pas non plus insensible à la détresse des pauvres paroisses abandonnées. S'il y a aujourd'hui deux cents paroisses sans prêtres dans le diocèse de Coutances, c'est qu'il s'est rencontré, il y a vingt ans, un trop grand nombre de mères chrétiennes qui, comme vous seriez tentée de le faire à votre tour, ont refusé de laisser leur enfant s'acheminer vers le séminaire.

Vous n'avez rien plus à cœur que le bonheur de votre enfant. Ne craignez-vous pas, en le détournant d'une voie qui semble être la sienne, de compromettre son avenir? Le jeune homme que Notre-Seigneur appelait et qui ne répondit pas à son appel s'en alla tout triste, nous dit l'Evangile. Qu'est-il devenu?... Que deviendra votre enfant quand vous aurez refusé définitivement de le donner à Dieu?

Je souhaite que, sorti de sa voie, il ne « tourne pas mal » comme tant d'autres hélas! qui font le désespoir de leurs mères...

Il y a quelques années je m'entretenais avec la mère d'un de nos séminaristes dont je n'avais à lui faire que des éloges : « Ah! me dit-elle, avec un accent que je n'oublierai jamais, celui-là — elle en avait d'autres qui n'avaient pas si bien répondu à ses soins — celui-là, il ne m'a jamais fait de peine. » Il est curé aujourd'hui et elle est avec lui, dans son presbytère. Je l'y ai revue et je ne crois pas qu'il y ait de mère plus heureuse.

Je souhaite, Madame, que votre fils vous rende heureuse vous aussi, maintenant et plus tard. Mais je ne crois pas que le moyen d'assurer votre bonheur et le sien ce soit de le refuser à Dieu.

Dans son intérêt donc et dans le vôtre, je vous supplie de réfléchir encore et de prier avant de prendre une décision définitive.

P. S. — Si vous avez des objections à formuler, je ne demande pas mieux que de les entendre. La question est assez grave pour que la décision ne soit pas prise à la légère.

II

Un remords de Barbey d'Aurevilly

J'avais entendu dire que Barbey d'Aurevilly, revenu à la pratique religieuse, s'était reproché d'avoir, dans sa jeunesse, détourné un de ses amis de l'état ecclésiastique. Grâce à l'obligeance de M. Yver, fondateur et conservateur de son Musée à Saint-Sauveur-le-Vicomte, j'ai pu avoir le texte même de la lettre où est exprimé ce remords du « connétable ».

Cette lettre fut adressée à Trébutien, bibliothécaire de la ville de Caen, si connu comme éditeur des œuvres de Maurice et d'Eugénie de Guérin. Barbey d'Aurevilly lui écrivait, le 3 avril 1856 : « Une des grandes fautes de ma folle jeunesse, c'est d'avoir détourné de l'autel une âme charmante, ce pauvre Fleury, mon ami de collège (l'avez-vous connu à Paris?) dont je fis un libertin dans les deux sens du mot, l'ancien et le moderne (1), et qui mourut, tué trop vite pour revenir à Dieu. J'étais impie comme Capanée (2) à cette époque et mon exemple et ma parole avaient une influence irrésistible sur mes amis. Fleury devint tout ce que j'étais... Il avait été élevé pour être prêtre. Je le pris donc à Dieu à qui je me trouve une restitution d'âme à faire... »

Lorsque Fleury mourut, en 1834, on ne voit pas que Barbey d'Aurevilly, non encore converti, ait éprouvé d'autre sentiment que celui du chagrin causé par la perte d'un ami très affectionné. C'est

(1) L'ancien : affranchi de la discipline de la foi religieuse; le moderne : déréglé dans sa conduite.

(2) Géant fabuleux, grossier et impie.

à Trébutien qu'il en fait confidence : « Je vous aurais déjà écrit, à vous mon ami, mon doux Melanchton, mais j'ai été dans de véritables angoisses depuis plusieurs jours. Dans ces moments-là, je me replie sur moi-même, ne voulant point m'abandonner à des attendrissements trop vifs dont l'âme est toujours mal après. Fleury est mort depuis trois jours. Après mon frère (l'abbé Léon) (1), c'était le premier ami de ma jeunesse : je l'avais connu à l'âge qui est la religion de toutes les affections éprouvées, et cette perte rapide comme un boulet de canon me laisse une flétrissure au cœur, une flétrissure irréparable. Je sens que toutes les joies de la vie ne feront rien refleurir désormais à la place où restera son souvenir. Je ne croyais plus l'aimer avec cette énergie. Depuis les années du collège, je le jugeais, et mon jugement lui était sévère jusqu'à la hauteur. N'importe! Le cœur n'accepte pas les inflexibilités de l'esprit, ou si nous imaginons qu'il les a acceptées, la mort vient un jour nous révéler le secret de cette amitié qui vivait silen-

(1) L'abbé Léon d'Aurevilly, eudiste, missionnaire et poète. Sa vie a été publiée. Son corps repose dans le cimetière de l'Hospice de Saint-Sauveur-le-Vicomte, où, naguère, on rapporta à ses côtés le corps de l'écrivain, à l'ombre des murs du vieux château.

cieuse en nous comme si les illusions premières ne nous avaient point abandonnés. »

Vingt ans plus tard, à la lumière de sa foi retrouvée, Barbey d'Aurevilly mesure la gravité de la faute qu'il commit en détournant son ami du Sacerdoce. Et non seulement il s'en repent, mais il voudrait la réparer. Dans la lettre écrite en 1856 à Tributien, nous l'avons entendu parler d'une « restitution d'âme » qu'il se croyait obligé de faire à Dieu.

Pour opérer cette « restitution », il avait jeté les yeux sur un autre de ses amis appelé Dargaud dont il parle à Trébutien dans les termes suivants : « C'est une âme à moi que cet homme et je voudrais bien la rendre à Dieu... à qui je me trouve une restitution d'âme à faire. Je voudrais que cette âme fût Dargaud. C'est une âme aussi lisible pour moi que votre écriture, et elle est aussi douce à mes yeux. Un si bon cœur si digne d'aimer notre grand Dieu saignant et pardonnant; embourbé, vautré, *embêté* dans la religion de ... Pelletan. ... Voilà dans quelle abomination nage cette pauvre âme de Dargaud, une âme poétique, grise d'un rien, digne de boire le Lacryma Christi le plus pur et qui est tombée, ivre-morte comme une abeille dans le vin bleu de la philosophie, si ivre-morte, qu'elle le trouve bon!! Il faut l'aimer et prier pour lui, car s'il était chrétien, il vaudrait mieux que nous ».

Morale de cette histoire. — Si d'aventure nous connaissons, dans notre entourage, quelque personne coupable, comme Barbey d'Aurevilly, d'avoir détourné un jeune homme de sa vocation, proposons-lui l'exemple du grand écrivain et tâchons d'obtenir qu'une « restitution d'âme » soit faite à Dieu.

III

Pourquoi une paroisse de plus sera privée de prêtre.

Un de nos bons curés du diocèse qui avait toujours rêvé de trouver parmi les enfants de son catéchisme « un héritier de son sacerdoce », m'écrivit, il y a six mois, que Dieu comblait enfin ses vœux. Après avoir bien prié, bien réfléchi, observé de son mieux un de ses enfants de chœur, il ne doutait pas que cet enfant fût appelé au Sacerdoce. Les parents, qui sont chrétiens, ne demanderaient pas mieux assurément que de favoriser les intentions de leur fils. Déjà le bon vieux curé voyait son cher élève franchir le seuil du Séminaire, revêtir la soutane, recevoir les Ordres et monter à l'autel.

Hélas! ce n'était qu'un rêve.

Tout désolé, le pauvre curé vient de m'écrire : « J'ai un profond chagrin! Le petit enfant dont je vous ai parlé l'an dernier et sur lequel je fondais un si doux espoir a été mis par ses parents dans une école primaire supérieure, laïque, très laïque, où on ne parle jamais de Dieu. Il est cependant revenu me voir aux vacances du jour de l'an et je lui ai dit : « On ne fait pas la prière à ton école? — Non, m'a-t-il répondu, mais je la fais dans mon lit. » Hélas! j'ai bien peur qu'il ne continue pas longtemps. J'avais fait tout mon possible pour détourner les parents de l'envoyer à cette école, mais, dominée par une influence néfaste, la mère a été intransigeante. Le père, très bon chrétien et que j'ai pris à part, n'a pas osé intervenir : « Si j'insistais, m'a-t-il avoué, il y aurait une scène. »

...Vous m'excuserez, ajoute le bon curé, mais j'avais besoin de vous conter ma peine. Je n'ai pas, Dieu merci, de « restitution d'âme » (1) à faire, mais je tâcherai, si Dieu m'en donne le

(1) Allusion à la lettre ci-dessus où Barbey d'Aurevilly, s'accusant d'avoir détourné un ami du Sacerdoce, cherchait à « restituer » une âme à Dieu.

temps, de trouver un remplaçant pour ce pauvre enfant... perdu ! »

Et vous, dirai-je à la mère de ce malheureux enfant, que ferez-vous pour que sa perte ne soit pas éternelle? Que ferez-vous aussi pour la paroisse qui, par votre faute, dans quinze ans, sera sans prêtre?

IV

« C'est M. le Curé qui lui a mis cela dans la tête. »

Seconde lettre à une mère de famille (1)

Madame,

Vous voulez bien me dire que vous avez été impressionnée par ma première lettre. Vous avez compris qu'il ne faut pas refuser à Dieu votre enfant. Mais vous n'êtes pas sûre précisément que Dieu vous le demande. Vous êtes même persuadée que votre petit Georges n'aurait jamais pensé à être prêtre « si M. le Curé *ne lui avait pas mis cela dans la tête* ».

Supposons que ce soit vrai. Qu'est-ce que cela prouve? Cela prouve que M. le Curé a de votre

(1) Voir la première, p. 74.

enfant une idée très avantageuse puisqu'il a cru discerner en lui les aptitudes nécessaires pour le sacerdoce. Mais ces aptitudes ne suffisent pas. Il y a beaucoup d'enfants intelligents, vertueux, appartenant à des familles honorables et que Dieu destine à être, non des prêtres dans l'église, mais des chrétiens fervents et des chefs de famille exemplaires.

N'oubliez pas cependant que d'autres sont véritablement doués et prédestinés pour le sacerdoce; mais, — semblables au jeune homme de l'Evangile discerné par Jésus, — ils ne veulent pas répondre à son appel.

Avez-vous quelquefois pensé à la mère de ce jeune homme? Comme vous, sans doute, elle était fière de son fils et rêvait pour lui un brillant avenir, car il était aussi riche que vertueux. Un jour, d'après ce que nous dit l'Evangile, elle le vit revenir tout triste, car il avait du remords de n'avoir pas suivi le conseil de Jésus. Lui confia-t-il la cause de sa tristesse? Et s'il lui en fit confidence, quel conseil ce jeune homme reçut-il de sa mère?

Pas un bon conseil, apparemment, car on ne voit pas que, touché de remords, il soit revenu dire à Notre-Seigneur : « Maître, j'ai manqué de courage tout à l'heure lorsque vous m'appeliez.

Mais la réflexion et les avis de ma mère me ramènent à vous. Voulez-vous bien encore que je vous suive? »

J'ai connu intimement un enfant qui, au début de ses études ecclésiastiques, revint un jour tout découragé à la maison paternelle. Son avenir était entre les mains de sa mère. Peut-être eût-elle été heureuse de le garder, et ne semblait-il pas qu'elle y fût invitée puisque, de lui-même il revenait? Mais, au lieu de consulter ses préférences maternelles, elle pria Dieu et écouta la voix de sa conscience, et Dieu lui inspira de reconduire à ses maîtres cet enfant qu'il prédestinait à être prêtre et qu'elle eut, avant de mourir, la consolation de voir, durant de longues années, travailler à la grande œuvre de l'éducation du clergé.

Est-ce son exemple que vous suivrez? Hélas, vous êtes plutôt tentée d'agir comme la mère du jeune homme de l'Evangile. C'est comme elle déjà que vous parlez, car il n'est pas difficile d'imaginer comment elle consola son enfant attristé par le remords et sollicité par l'attrait d'une vie plus parfaite.

— Quelle folie, mon pauvre enfant, d'abandonner toutes les richesses que ton père et moi amassons à ton intention! L'Evangile, en effet, nous dit qu'il avait *multas possessiones*, beaucoup de propriétés. Pourquoi être allé écouter ce prophète? C'est lui qui t'a mis dans la tête cette étrange idée de renoncer à ton bien ».

Hélas! malheureuse mère, que pense-t-elle aujourd'hui de ce conseil qui ne fut que trop bien suivi? Son fils était prédestiné à une gloire comparable à celle de Jacques ou de Jean que l'Evangile appelle les fils de Zébédée, environnant leurs parents eux-mêmes de l'auréole apostolique; et, pour avoir entendu la voix de sa mère au lieu de la voix de Jésus, le voilà perdu dans la foule obscure de ceux qui ont été riches ici-bas mais dont on ne sait même pas s'ils ont sauvé leur âme.

Ici, Madame, je vous entends m'interrompre :

— Je ne vous ai pas dit du tout que je refusais de donner mon fils à Dieu. Si je savais que Dieu l'appelle, je le donnerais, bien qu'il m'en coûte beaucoup, mais c'est précisément ce dont je ne puis m'empêcher de douter. Je respecte beaucoup M. le Curé, c'est un bon prêtre. Son seul défaut, c'est, comme on dit chez nous, d'être un peu trop « emporté pour la religion ». Depuis surtout que vous lui envoyez votre bulletin où sans cesse vous réclamez des prêtres, il veut, à toute force, en dénicher un dans la paroisse et voilà pourquoi il a mis dans la tête de mon petit Georges qu'il avait la vocation. Ah! je suis bien sûre que si notre défunt curé avait vécu quelques années de plus, nous serions restés bien tranquilles. Il y a eu de son temps au catéchisme des enfants aussi pieux et aussi intelligents que le mien et jamais il ne leur a parlé d'être prêtres.

— Hélas! Madame, c'est bien là le grand malheur, et puisque vous m'y forcez, je vous avouerai que les parents ne sont pas les seuls responsables de l'insuffisance du recrutement sacerdotal. Il y a des prêtres qui encourent la même responsabilité pour avoir, comme votre défunt curé, laissé périr les germes de vocation que Dieu avait semés dans leur paroisse.

Il est raconté dans l'Evangile que, du temps de Notre-Seigneur, il y avait à Jérusalem, près de la porte des Brebis, une piscine dont les cinq portiques abritaient un grand nombre de malades : aveugles, boiteux, paralytiques. Ces malades attendaient le bouillonnement de l'eau, car un ange du Seigneur descendait à certains temps dans la piscine et agitait l'eau et le premier malade qui y descendait ensuite était guéri. Or, près de cette piscine se trouvait un homme malade depuis trente-huit ans. Jésus, l'ayant vu gisant, lui dit : « Veux-tu être guéri? » Le malade répondit : « Seigneur, je n'ai personne pour me jeter dans la piscine dès que l'eau est agitée... » Jésus lui dit : « Lève-toi, prends ton grabat et marche. »

Au pauvre paralytique, avant l'intervention miraculeuse de Jésus, il n'avait donc jusque-là manqué qu'un homme. De même, à beaucoup d'enfants que Dieu appelle au sacerdoce, il manque trop souvent un homme qui leur vienne en aide ou bien pour découvrir en eux-mêmes le germe de la vocation ou pour manifester l'attrait qu'ils ont ressenti au fond du cœur.

Il y a quelques jours un excellent homme faisait à un prêtre du diocèse cette confidence : « Si M. le Curé m'avait dit seulement un mot quand je fis ma première communion, c'est avec bonheur que j'aurais étudié pour être prêtre, mais je n'osais pas lui en parler. »

Qu'il faut donc déplorer le manque de clairvoyance ou l'excès de discrétion de ce prêtre qui porte devant Dieu la responsabilité d'une paroisse abandonnée!

Sans doute, le zèle du prêtre en faveur du recrutement sacerdotal doit être discret. Il ne faut pas de vocations forcées et, si vous le permettez, Madame, je mettrai au point le reproche que vous adressez à votre Curé. Vous dites que c'est lui qui *a mis* dans la tête de votre enfant l'idée d'être prêtre. Si c'était absolument vrai, tel que vous le dites, je vous avouerais que votre Curé a eu tort. Ce n'est pas à l'homme, fût-il prêtre, de *mettre* dans l'âme de l'enfant le germe de la vocation sacerdotale. Dieu seul a ce pouvoir. Mais ce germe divin, le prêtre doit chercher à le découvrir et le révéler à l'enfant privilégié.

C'est ce qu'a fait M. le Curé pour votre petit Georges. La question n'est donc pas de savoir comment lui est venue l'idée d'être prêtre, mais de vérifier s'il a vraiment cette idée. Observez cependant, Madame, que cette vérification doit se faire d'une façon très délicate. Car vous savez bien qu'un germe est chose très fragile. Il ne se développe que dans une terre et une atmosphère favorables. Voilà pourquoi je dis aux prêtres qui croient avoir découvert dans une petite âme le germe de la vocation : « Efforcez-vous de développer la piété de cet enfant et d'éveiller chez lui, dans la mesure de ses moyens actuels, le souci de se dévouer, de rendre service et de faire du bien. »

Je vous donne le même conseil, Madame : il n'est pas inutile, car si, comme j'ai cru le deviner, vous avez peur que votre fils soit prêtre, vous serez tentée de tuer le germe de sa vocation. Ce n'est pas très difficile et il y a beaucoup de parents qui y ont réussi en détournant de la piété l'enfant appelé de Dieu.

« J'aurais bien voulu avoir un fils prêtre, disait naguère une mère de famille à la fiancée de son fils, mais à défaut d'un fils ce sera peut-être un petit-fils. »

— Pour cela, non! reprit vivement la jeune fille, je me chargerai bien de l'empêcher... »

Vous, Madame, vous avez trop de conscience pour tenir un propos si criminel. Aussi quels que soient les desseins de Dieu sur votre petit Georges, je n'ai qu'un conseil à vous donner : Ne négligez rien pour développer sa piété. Si Dieu a mis dans sa chère âme le germe de la vocation, ce germe s'épanouira et vous ne pourrez plus douter de son existence. Si, au contraire, votre enfant n'est pas appelé au sacerdoce, vous constaterez que la piété, comme disait saint Paul, est utile à tout et que les enfants les plus véritablement pieux sont ceux qui font verser le moins de larmes à leurs mères et leur procurent les plus grandes consolations.

Agréez, je vous prie, Madame, mes sentiments respectueux et dévoués.

V

Contrastes

J'ai reçu presque en même temps, de deux prêtres du diocèse, les communications suivantes. La première est extraite de la lettre d'un ami. La seconde est la confidence douloureuse d'une mourante. Je n'y ajoute que les titres.

Au devant des desseins de Dieu.

« ...Sans t'en avoir jamais rien dit un mot ni fait la moindre allusion, nous nous rencontrons en ce qui concerne l'avenir de mon Benjamin. Quand, à sa naissance, il était en danger et nous paraissait sur le point d'aller rejoindre au ciel ses deux aînés, je l'ai offert au bon Dieu pour le Sacerdoce. Je suis donc déjà tenu par cette promesse. Puisse Dieu exaucer mes plus chers désirs! S'il lui plaît de faire de mon fils un prêtre (séculier, religieux ou missionnaire) je le lui donnerai de tout cœur. En tout cas, tu peux être assuré qu'au point de vue éducation et instruction, je ne négligerai rien pour que mon enfant soit digne, dans la mesure du possible, de cette vocation éventuelle...

Quand on contrarie les desseins de la Providence

« Mon Maurice était un enfant très pieux : il aimait beaucoup les cérémonies de l'église et les reproduisait autant qu'il pouvait à la maison; il disait vouloir être prêtre. Ça me fit peur; à cause de cela, au lieu de le mettre au Petit Séminaire, je le mis au Collège de Mortain. Nous n'avions que lui, nous voulions qu'il conserve le nom des L...; nous lui avions même donné pour second nom au baptême celui de notre ferme de famille. Il était intelligent, il fut toujours le premier dans ses classes et passa avec succès les examens du baccalauréat. Depuis quelques années il ne parlait plus d'être prêtre; ses études du collège terminées, il partit à Paris pour suivre les cours de médecine. Hélas! médecin, il ne le devint jamais; il ne put passer ses derniers examens; il avait fait de fâcheuses rencontres et abandonné toutes ses pratiques de religion. Il a dépensé tout notre avoir; nous avons même été obligés de vendre la ferme de famille dont nous lui avions donné le nom. Il a vécu d'expédients s'occupant de cinéma, de théâtre, etc...; il vient de mourir à Paris, à moins de 40 ans. Le bon

Dieu m'a punie de l'avoir empêché de devenir prêtre. »

Mon correspondant ajoute : Ce M. L..., décédé à Paris en 1921, est mort excommunié; une rente annuelle pour messes était affectée sur une de ses fermes et depuis longtemps il ne la payait plus.

VI

Troisième lettre à une mère de famille (1)

« S'il venait à changer d'idée »

Madame,

Vous reconnaissez que votre petit Georges a bien actuellement l'intention d'être prêtre. Vous n'hésiteriez donc plus à donner votre consentement si vous étiez assurée que cette intention dût persévérer. Mais on en a vu d'autres qui changeaient d'idée au cours de leurs études. Vous avez même connu des Séminaristes qui, à la grande confusion de leurs parents, quittaient la soutane, et vous redoutez que Georges vous occasionne un pareil affront.

Je ne puis vous blâmer, Madame, d'envisager

(1) Voir la seconde, p. 83.

avec tant de sérieux la grave question de l'avenir de votre enfant. Mais en toute franchise je vous avoue qu'il m'est impossible de vous donner l'assurance que vous voudriez avoir.

Est-ce une raison cependant de refuser votre consentement?

Il y a sur les murs du Séminaire une inscription qui va vous donner la réponse. Elle est en latin : *Spes messis in Semine.* Mais je vais vous la traduire. Elle signifie que si on ne sème pas on ne moissonnera pas. Vous le savez par expérience, et pour avoir de belles moissons dans vos champs, vous ne négligez ni la culture ni le choix de la semence.

Et cependant, malgré tous vos soins, pouvez-vous garantir que chaque grain de blé jeté en terre germera et montera en épi? N'y a-t-il pas des déceptions? Et si, cette année, la récolte est mauvaise, refuserez-vous pour cela d'ensemencer votre champ l'année prochaine?

Vous avez lu dans notre Bulletin que, pour avoir trente prêtres à l'ordination de la Saint-Pierre, nous demandons que cinq ans auparavant il entre quarante nouveaux élèves au Séminaire et que nous ne serons assurés de ces quarante Séminaristes que si chaque rentrée de nos collèges comprend quatre-vingts nouveaux élèves ecclésiastiques. L'expérience, en effet, nous a montré que la moitié de ces enfants sont exposés à « changer d'idée » au cours de leurs études.

Mais trouveriez-vous raisonnable de ne plus recruter d'élèves ecclésiastiques sous prétexte que la moitié d'entre eux n'arriveront pas au Sacerdoce? Est-ce donc parce que votre enfant pourrait être un de ceux-là que vous auriez le droit aujourd'hui de sacrifier sa vocation? On ne sait jamais, quand on élève un enfant, s'il vivra jusqu'à sa majorité. Pourquoi être plus exigeant quand il s'agit du Sacerdoce?

On lit dans l'*Imitation* qu'un homme effrayé de l'incertitude de son salut se jeta au pied de l'autel en disant à Dieu : « Ah! si seulement je pouvais être assuré de ma persévérance! » — Et que feriez-vous, si vous en étiez assuré? lui fut-il répondu. Faites donc comme si vous aviez effectivement cette assurance et vous serez en paix. »

Voilà, Madame, ce que Dieu vous dit à vous-même. Vous n'hésiteriez pas à donner votre Georges si vous étiez assurée qu'il dût parvenir au sacerdoce. Eh bien, donnez-le, puisque Dieu vous le demande et remettez-vous en sa Providence.

Il est raconté que la mère du jeune martyr

Symphorien, non seulement acceptait la mort glorieuse de son enfant, mais encore l'encourageait à marcher courageusement au supplice. Votre enfant à vous ne va pas au martyre. Mais il doit accomplir un sacrifice, et si vous êtes une mère vraiment chrétienne, non seulement vous ne le dissuaderez pas, mais vous irez jusqu'à l'encourager à marcher vers le Sacerdoce. Il y a des jeunes gens qui, pour correspondre à une vocation très certaine, ont besoin d'être encouragés et j'en ai connu qui, à l'heure critique où ils devaient prendre une décision, sont restés dans le monde malgré l'invitation de Dieu, parce que leur mère ne les avait pas encouragés. « Réfléchis, mon enfant, prends encore un peu de temps, fais ton service militaire. Il vaut mieux différer ton entrée au Séminaire que de t'exposer à en sortir pour y être entré à la légère. »

Voilà, Madame, comment beaucoup de vocations se sont perdues. Si la vocation de votre fils est sérieuse, vous devez l'aider à y répondre. Vous pourrez aussi contribuer à sa persévérance. Nous verrons de quelle façon, car il y a des vocations qui se perdent par suite de la négligence des mères.

Mais je dois encore vous avouer que des mères pleines de sollicitude ont eu la douleur de voir leur cher Séminariste revenir un beau jour à la maison parce que, de l'aveu de son directeur de conscience, il n'était pas à sa place au Séminaire. Et il s'en est trouvé qui accueillaient mal le pauvre enfant. A l'époque où je commençais mes études, il y en eut une, dans ma paroisse, qui alla jusqu'à refuser de recevoir le sien parce qu'il ne voulait plus être prêtre. Le malheureux jeune homme, au désespoir, s'en alla en Amérique et on n'a jamais su ce qu'il était devenu. Je fus si impressionné par cette douloureuse histoire que, devenu directeur de Séminaire, je me promis d'entourer d'une sollicitude toute spéciale, à cette heure critique de leur vie, les élèves ecclésiastiques qui auraient « changé d'idée ». Et je vous assure, Madame, que je n'ai pas eu à m'en repentir, car ils font aujourd'hui bonne figure dans le monde où je les ai aidés à rentrer de la façon la plus honorable.

Qu'on cesse donc d'appeler « défroqués » ceux qui renoncent à l'état ecclésiastique au cours de leur noviciat. Cette épithète déshonorante ne convient qu'aux apostats qui trahissent les obligations de leur Sacerdoce et se tournent contre l'Eglise. Mais ceux qui, loyalement, préfèrent ne pas contracter des engagements irrévocables, ne doivent pas être incriminés. L'Eglise n'embrigade personne par force et au cours même de l'ordination du Sous-Diaconat elle proclame solennellement la liberté dont jouissent encore les Ordinands : « C'est de votre propre gré que vous allez vous engager. Vous êtes libres et rien ni personne ne vous empêche de rentrer dans le monde. »

C'est se conformer aux intentions de l'Eglise que de respecter la décision de ceux qui renoncent à s'engager irrévocablement dans les Ordres Sacrés. Et voilà pourquoi j'ai souvent demandé que, loin de les rebuter, on les aide à trouver la situation qui leur convient. J'en suis même venu à tenir à leur intention une sorte de bureau de placement. Ces jeunes gens sont recherchés par les meilleures administrations qui savent qu'elles peuvent compter sur leur conscience. Car ce n'est pas en vain qu'ils ont reçu au Séminaire un précieux surcroît d'éducation chrétienne.

Enfin, ce qui achève de me consoler de ces apparentes défections, c'est que la Providence fait éclore très souvent des vocations nouvelles dans les foyers fondés par ces jeunes gens qui s'étaient crus eux-mêmes appelés au Sacerdoce. Il y a quelques années, un jeune prêtre d'un diocèse étranger, qui avait fait ses études à notre Ecole apostolique de Saint-Lô, était appelé au chevet de son père mourant en même temps que deux de ses frères également honorés du Sacerdoce. Et le père leur fit cette confidence : « J'aurais dû être prêtre, mais j'espère que Dieu va me faire miséricorde puisque, pour me remplacer, j'ai donné mes trois fils à son Eglise. »

J'espère, Madame, que votre Georges ne « changera pas d'idée ». Mais s'il venait à en changer, vous voyez bien que rien ne serait perdu, ni pour lui, ni pour vous, ni pour l'Eglise. Ayez confiance en la Providence et n'hésitez pas à donner le consentement qu'elle vous demande.

VII

Des parents bien responsables

Un jeune homme de notre diocèse, — actuellement à la caserne, — dont j'avais remarqué la bonne tenue, la piété, l'intelligence, l'élévation et la délicatesse des sentiments et que j'ai plusieurs fois interrogé sur son avenir, m'écrivait le 2 novembre dernier : « Je prie beaucoup pour que le bon Dieu m'éclaire sur mon avenir. Si mes parents m'avaient laissé commencer mes études au lieu de m'en empêcher, je serais comme mes camarades F. et M. (deux Séminaristes qui sont avec lui au régiment). Mais il faut vous dire, Monsieur le Supérieur, qu'ils n'ont pas voulu. J'ai beaucoup souffert alors et depuis de leur mauvais vouloir. C'est la pire des choses pour des parents que de contrarier la destinée de leurs enfants, surtout quand elle tend vers un idéal dont moi, à leur place, j'aurais été si fier. »

Les parents sont morts; avez-vous remarqué que la lettre de leur fils est datée du 2 novembre? Que Dieu leur pardonne le mal qu'ils ont fait à leur enfant et le préjudice que leur mauvais vouloir aura causé à notre diocèse si, en quittant le régiment, notre jeune ami n'a pas le courage de se diriger vers notre Ecole des Etudes Tardives!

Voici ce qu'il écrivait naguère au curé de sa paroisse : « Quand je songe à mon âge (22 ans), à la longueur des études, aux charges qu'elles créeraient à ma famille, à la situation qu'elle m'a faite dans l'agriculture que je trouvais la plus belle après celle du prêtre, je n'ose me décider. Ah! si vraiment, dans ma prime jeunesse, je m'étais engagé dans cette voie, ce serait tout différent, car je l'aurais suivie et je ne me serais pas attaché le cœur à la terre comme je l'ai fait, quoique il reste bien haut placé, tout empreint de piété et reflétant peut-être encore cet idéal qui m'avait enchanté. Priez pour moi, car je ne sais pas encore ce que je ferai après mon service. Je m'abandonne à la Providence comme l'épave au gré des flots (1). Si je suis poussé dans la direction que vous envisagez pour moi, je ne m'y opposerai pas. Mais que de difficultés je prévois...! »

Priez donc, chers associés, pour ce jeune homme et pour d'autres encore que des parents mal inspirés ont détournés de la voie où ils auraient dû s'engager il y a dix ans et vers laquelle, aujourd'hui, il leur est difficile, mais pas impossible de revenir.

VIII

« Ce n'est pas une situation »

Quatrième lettre à une Mère de Famille (2)

Madame,

Vous avez bien voulu m'avouer que les raisons pour lesquelles vous résistiez à la vocation de votre fils n'étaient que des prétextes et, avec

(1) Notre jeune ami est un habitant du littoral.
(2) Voir la troisième, p. 93.

une franchise qui vous honore et dont je vous sais gré, vous me donnez enfin le vrai motif de votre opposition.

Justement soucieuse de l'avenir de votre Georges, vous ne le voyez pas sans inquiétude s'acheminer vers une carrière qui a pu autrefois être assez avantageuse, mais qui, aujourd'hui, ne présente aucune sécurité. La fortune que vous lui laisserez n'est pas assez considérable pour qu'il puisse vivre de ses rentes, et, du reste, il n'est pas admissible qu'un jeune homme qui a consacré dix années de sa vie à faire des études très coûteuses n'en retire pas profit comme font les avocats, les pharmaciens, les médecins et tous les fonctionnaires qui, outre leurs appointements, bénéficieront, dès cinquante-cinq ans, d'une opulente retraite. Dans toutes ces professions, on gagne plus en un mois qu'un prêtre en une année entière. Et quand ce pauvre prêtre s'est fatigué au service de trois ou quatre paroisses, il n'y a pas pour lui de repos. Que deviendrait le diocèse si tous les prêtres qui ont cinquante-cinq ans voulaient se retirer? Heureusement qu'ils ne le peuvent pas et que, du reste, ils n'y songent pas, car c'est par centaines qu'on verrait de nouvelles paroisses à l'abandon.

« Ah! je les plains, ces pauvres prêtres, me

dites-vous, et c'est parce que je les trouve tant à plaindre que je ne puis me résigner à voir mon fils partager leur triste sort. »

Je pense, Madame, avoir assez bien résumé ce que vous m'avez dit au cours de notre dernier entretien. J'ai pris le temps d'y réfléchir et j'espère que vous voudrez bien accorder à ma réponse une attention sérieuse.

Tout d'abord, vous me permettrez de vous faire observer que la question principale n'est plus en doute. Vous convenez que votre fils semble bien prédestiné au sacerdoce, et si l'état eclésiastique était aussi avantageux que les autres carrières auxquelles vous l'avez comparé, vous ne feriez aucune objection à sa vocation.

Dès lors, Madame, je vous supplie de vouloir bien appliquer un instant votre foi chrétienne aux questions suivantes :

A qui refusez-vous votre enfant? Est-ce à un homme? Est-ce à M. le Curé qui vous l'a demandé ou à moi, qui vous supplie de ne pas contrarier sa vocation? — Non! c'est à Dieu lui-même que vous le refusez, à Dieu qui a suffisamment manifesté ses desseins sur votre enfant en lui donnant, avec les aptitudes nécessaires, l'intention de se consacrer au service de son Eglise.

Je ne sais pas si vous avez peur de la mort. Moi je vous avoue que j'en ai peur parce que, la mort, c'est le jugement et je redoute les comptes qu'il faudra rendre au Souverain Juge. Vous et moi nous pouvons mourir demain. En tout cas ce sera bientôt, car vous devez déjà vous apercevoir que la vie est courte. Avez-vous prévu la réponse que vous ferez à Dieu quand Il vous demandera : « Pourquoi as-tu refusé de me donner ton fils que j'avais daigné choisir pour être un prêtre? »

Oserez-vous bien lui répondre : « Seigneur, je ne trouvais pas que ce fût une carrière assez avantageuse. »

Croyez-vous que la femme de Zébédée qui avait, comme vous, pour ses fils, des ambitions humaines, trouve maintenant que la carrière de Jacques et de Jean, qui suivirent Jésus, ne fut pas la plus avantageuse?

Il faut être logique, Madame, et puisque vous croyez à la vie future, vous n'avez pas le droit de raisonner comme ceux dont toutes les espérances se bornent à la vie présente. Je comprends fort bien que ceux-ci, pressés de jouir, puisqu'ils ne croient pouvoir compter que sur quelques années, préfèrent la carrière qui leur donnera tout de suite la richesse et les honneurs.

Mais comment une mère chrétienne peut-elle rabaisser à ce point ses ambitions? « Mon fils, regarde le Ciel », disait la mère du jeune Symphorien à son enfant pour l'encourager à mourir plutôt que de renier sa foi. Ne devriez-vous pas dire la même chose à votre fils, s'il était tenté de renoncer à sa vocation?

Vous gémissez de n'avoir plus de prêtre dans votre paroisse et vous avez murmuré contre votre Evêque qui la laisse ainsi dans l'abandon. Vous avez tort de vous en prendre à lui qui est bien assez désolé de manquer de prêtres. Mais il y a dans le diocèse une personne à qui vous pourriez fort justement vous plaindre. C'est une mère de famille qui, il y a vingt ans, refusa comme vous, aujourd'hui, de donner à Dieu son fils.

Vous-même, Madame, vous serez responsable de l'abandon dans lequel tombera à son tour une autre paroisse que la Providence destinait à votre enfant, et les habitants de cette paroisse pourront crier vengeance contre vous; car, beaucoup plus que le sang qui coule, les âmes qui se damnent appellent les châtiments du Ciel sur les artisans de leur perdition.

Notre-Seigneur a dit qu'il faut d'abord chercher le royaume de Dieu et sa justice : je ne fais que vous rappeler cette consigne, mais je n'aurai garde d'omettre ce qu'il a daigné ajouter pour rassurer les hommes de peu de foi : « Et le reste vous sera donné par surcroît. »

Le reste, c'est précisément ce qui vous préoccupe. Notre Seigneur est allé au devant des soucis de votre maternelle sollicitude : « Donnez-moi, dit-il, l'enfant que je vous demande : vous assurerez par là son salut éternel et, par surcroît aussi, le bonheur de sa vie sur la terre. »

Nous devrions avoir assez de confiance en Notre Seigneur pour nous en rapporter à sa parole. Mais nous pouvons aussi consulter l'expérience. Il y a plus de quarante ans que, sortant du collège, je me suis acheminé vers le Séminaire alors que beaucoup de mes condisciples embrassaient les carrières que vous rêvez pour votre fils. Jamais le spectacle de leur vie ni les confidences qu'ils m'ont faites depuis ne m'ont donné la tentation d'envier leur sort. Tous les prêtres vous en diront autant, témoignant comme moi que Notre Seigneur ne les a pas trompés.

La spoliation des biens du clergé à l'époque de la Séparation a mis en évidence la considération dont jouit leur ministère. Est-il une autre profession en faveur de laquelle on pourrait instituer des collectes analogues au Denier du Clergé?

L'intervention de la Providence pour nous assurer le surcroît promis n'a-t-elle pas été manifeste durant la période critique que nous venons de traverser? Et voici que la constitution des Associations Diocésaines va permettre de réorganiser progressivement le patrimoine ecclésiastique.

L'heure est-elle bien choisie, Madame, pour douter de la Providence? Ne compromettez pas votre salut ni celui de votre fils par des calculs de prudence humaine et en vous assurant à tous les deux le bonheur éternel, vous recevrez par surcroît dès ici-bas la récompense de votre sacrifice.

IX

Il est à vous

A la dernière Ordination, le samedi de la Passion, en sortant de la Chapelle du Séminaire où les familles étaient venues reconduire les Ordinants, le père d'un nouveau Sous-Diacre me dit ce simple mot : « Il est à vous, tout à fait, maintenant. » Et je lui répondis : « Oui, et c'est de bon cœur, n'est-ce pas? que vous nous l'avez donné. » Je savais qu'avant de nous donner celui-là que la guerre a épargné, il en avait donné deux à la Patrie qui ne lui ont pas été rendus.

Mais, au fait, peut-on dire que les enfants donnés à l'Eglise sont perdus pour leurs parents, même ici-bas? Non, certes! car l'éducation ecclésiastique, loin d'amoindrir l'affection pour les parents, ne fait qu'ajouter à la délicatesse du sentiment filial. Je connais des parents de nos Ordinands que la vocation de leur fils avait contristés tout d'abord et qui, maintenant, s'estiment de plus en plus heureux, parce que, chaque jour leur fait mieux apprécier la vérité de la promesse évangélique : « Cherchez d'abord le royaume de Dieu et sa justice et le reste vous sera donné par surcroît. » En donnant leur consentement à une vocation qui détruisait leurs rêves trop humains, ils ont accompli un sacrifice très méritoire et par surcroît, ils s'aperçoivent qu'entre tous les parents justement désireux de jouir de leurs enfants, ils restent encore les plus privilégiés.

X

La meilleure part

Ce qui suit n'est qu'un fait entre beaucoup d'autres analogues. Il m'a causé une joie à laquelle il ne sera pas indiscret, je pense, d'associer les membres de notre Association. Pourquoi taire un exemple d'où peut sortir une haute et utile leçon?

Celui dont je vais parler ne lira sans doute pas ces lignes. Elles ne sont pas écrites pour lui. Puissent-elles affermir dans leur dessein ceux qui se sentiraient au cœur le désir d'imiter sa généreuse conduite!

C'était, il y a peu d'années, un enfant que j'aimais à rencontrer dans les trop rares visites que l'éloignement me permettait de faire à son père, mon ami de collège. La pure candeur de son regard, la docilité toujours égale de sa volonté, son attachement filial, la vivacité de son esprit et ses succès dans ses classes, tout dénotait une riche nature et des qualités peu communes.

Je me disais en moi-même : Que sera cet enfant?

Un double baccalauréat couronna de fortes

études secondaires, et j'appris que le cher André allait, au lycée Saint-Louis, préparer le concours d'admission à l'Ecole polytechnique. Je m'en réjouis, sachant que cette décision réalisait les vœux et répondait aux légitimes ambitions de la famille. Le succès, du reste, ne faisait aucun doute.

Peu de mois avant la guerre, je passai quelques jours à Paris. Il y avait longtemps que je n'avais revu mon jeune ami.

Je le retrouvai grand et distingué, très à l'aise sous son élégant uniforme, et portant avec aisance le traditionnel bicorne, très attaché à ses camarades dont il pensait beaucoup de bien, très appliqué à ses études diverses. Mais qu'étaient devenus les sentiments et les dispositions du passé? Manifestement, rien n'était changé ; l'enfant, en grandissant, n'avait pas abandonné sa première voie : il avait avancé seulement, l'œil était aussi limpide et aussi franc, la physionomie aussi sympathique et aussi ouverte, l'allure aussi simple et aussi confiante, les vertus familiales aussi apparentes. Et la piété s'était accrue. Avec un empressement dont j'étais édifié et touché, chaque matin, le polytechnicien, alors en vacances, me servait la messe, à la chapelle des Carmes et souvent y faisait la sainte Communion.

Et je remerciais le bon Dieu qui préparait, à la France de demain, de bons ouvriers pour sa rénovation religieuse et sociale.

Bientôt la guerre éclata, et les élèves des grandes écoles devaient répondre les premiers à l'appel des armes. Le sacrifice n'avait rien qui effrayât un tel jeune homme. Je n'ai pas besoin de dire avec quelle conscience et quel courage il remplit son devoir patriotique. Dieu permit qu'il fût épargné. Il revint avec de glorieuses citations et les trois galons de capitaine d'artillerie.

En quelques mois, il termina ses cours interrompus. Le classement définitif le plaça dans les premiers rangs et lui donna la liberté de choisir une de ces situations d'ingénieur de l'Etat qui sont si enviées comme honorables et lucratives à la fois.

Grande fut la joie de la famille.

Peu de semaines après, je recevais, de mon ami de collège, une lettre dont il me pardonnera de rendre publics quelques passages. Si elle est, pour le fils, un hommage mérité et des plus autorisés, elle honore aussi le père et la mère qui, après avoir rempli leur mission éducatrice, ont su comprendre et respecter les droits supérieurs de Dieu.

« Ma lettre annuelle devancera cette fois la date habituelle (1). Un événement important la motive et je ne veux pas tarder à te l'annoncer. Mon fils André vient d'entrer au grand séminaire d'Issy... Peut-être ne seras-tu pas surpris outre mesure. Ton habitude de la jeunesse t'aura fait soupçonner la beauté de l'âme que j'ai le bonheur de contempler depuis vingt ans. Ce n'est pas trop dire, car, depuis sa tendre jeunesse, il n'a cessé de nous montrer des qualités de toutes sortes... A l'âge de 18 ans, il m'avait parlé de son entrée éventuelle au séminaire... Cette idée ne l'a pas quitté, et, pendant la guerre, il l'a amplement mûrie. Elle est réalisée aujourd'hui et il nage en pleine félicité. Ni son père ni sa mère n'y ont trouvé à redire, le considérant depuis longtemps comme un prédestiné. »

Tout commentaire serait superflu : chacun pourra trouver, dans cet authentique récit, l'enseignement qui lui convient.

Dans un récent discours, Mgr Roland Gosselin nous apprenait que le séminaire de Paris compte actuellement soixante-huit officiers des armées de terre et de mer. Il y a quelques jours on y recevait encore un lieutenant-colonel et un

(1) Cette lettre a été écrite un mois environ avant le 1er janvier 1920.

agrégé de l'Université. « Ce sont là, écrit le R. P. de la Brière, des recrues de choix que l'Eglise enrôle avec une émotion maternelle et une grande espérance. »

J'ajouterai seulement qu'à mon humble avis, c'est une des marques les plus évidentes de la prédilection divine envers notre pays, que le nombre si considérable des jeunes gens qui, placés entre les avantages légitimes de la fortune et des honneurs et la perspective d'une vie pauvre et d'un labeur obscur, ont l'âme assez dégagée des biens terrestres, la vue assez claire et la volonté assez ferme pour discerner et choisir « la meilleure part ».

P. M. P.

XI

Les épreuves d'une vocation

Il s'agit de la vocation de M. l'abbé du Rosel de Saint-Germain, prêtre de Saint-Sulpice, mort à Avranches en 1817, dans sa 25e année.

Après quelques années passées au collège d'Avranches, ses parents l'avaient envoyé au lycée de Caen. C'était un milieu bien peu favorable au développement de sa vocation. Le service militaire auquel, sous le premier Empire, furent astreints les élèves ecclésiastiques, en détournait plusieurs du Séminaire à peine réorganisé aux environs de 1810, dans la ville de Coutances.

Mais pour Léon du Rosel la principale difficulté venait de sa famille. Bien qu'elle fût chrétienne, elle aurait préféré pour ce jeune homme riche, intelligent, capable de briller dans le monde, une carrière moins humble que le sacerdoce. Dans la correspondance du jeune lycéen (1), nous voyons avec quelle courageuse persévérance il sut maintenir à l'encontre de ses parents son dessein d'être prêtre.

Le 11 juillet 1810, il écrivait à un ami avec lequel il devait passer à Avranches les vacances prochaines :

« Très cher ami, nous approchons enfin de ce temps de la vacance après lequel je soupire depuis si longtemps. Nous pourrons donc, je l'espère, nous entretenir bientôt ensemble et nous retrouver dans un lieu que nous n'avons pas vu depuis plus d'un an. Mais ces vacances qui me

(1) Nous empruntons ces lettres à une brochure aujourd'hui introuvable publiée en 1862 par M. Harel, chanoine titulaire de Coutances.

présentent d'un côté tant de joie, me préparent peut-être bien des peines et des chagrins. Je vois qu'on allègue toujours de nouveaux motifs pour me retarder dans ma vocation. L'on ne fait pas plus de démarches qu'à l'ordinaire, et cependant, voilà mes études terminées. Voilà cette année, après laquelle on me promettait de me satisfaire, qui est presque passée, sans que je voie mes affaires plus avancées. Tout cela m'inquiète et me chagrine au dernier point. Je ne sais quand le Seigneur permettra que je suive la vocation que je crois qu'il m'a inspirée. Car enfin, si je n'étais pas bien appelé au Sacerdoce, il me semble que je ne devrais pas y être aussi attaché et que toutes les contrariétés que j'éprouve seraient capables de m'en dégoûter. Voilà tout ce qui me rassure et me persuade que je dois persister.

« Je suis résolu à écrire à mes parents une dernière lettre où je leur exposerai d'une manière formelle, quoique soumise et respectueuse, quelles sont mes intentions, et que, quelques efforts que l'on fasse, rien ne m'en pourra détourner. Du reste, j'espère tout de la miséricorde du Seigneur qui n'abandonne jamais ceux qui désirent de faire sa volonté. »

Pour le détourner du Sacerdoce, sa famille, en raison des brillantes études qu'il avait faites au

Lycée de Caen, essaie de le faire entrer à l'Ecole Normale Supérieure.

Voici comment il répond à cette proposition :

« Chère maman, j'ai reçu, depuis ton départ, deux lettres de mon père, qui me parlait de m'envoyer à Paris pour *perfectionner* mes études. Je ne sais pas bien précisément ce qu'il voulait me faire entendre par là; car bien que mes études aient assurément grand besoin d'être perfectionnées (et quel est homme de la plus longue vie qui ait atteint ce perfectionnement?) néanmoins, je ne crois pas qu'il soit pour cela nécessaire de rester sur les bancs. Il y a un temps pour tout : d'abord, il faut savoir étudier, c'est ce qu'on apprend en faisant ses classes; il faut, en second lieu, profiter de cette science, c'est ce qu'on fait en lisant et en méditant les meilleurs ouvrages, en tout genre, des écrivains célèbres, tant sacrés que profanes, c'est aussi ce que j'ai envie de faire, lorsque j'en aurai le temps. Au milieu de tout cela, il faut penser à un état; et me voilà, je le sens, dans un âge où il s'agit de se fixer. Les circonstances ne sont pas, sans doute, également favorables pour tous les états, pour celui d'ecclésiastique, par exemple, comme pour celui d'avocat, de jurisconsulte, de médecin, etc... Aussi, voit-on maintenant plus de gens qui embrassent ces dernières fonctions (1), ce qui ne prouve rien contre la première, sinon qu'elle est moins lucrative, moins honorée parmi les hommes, mais non moins honorable et moins estimable en réalité. Elle a toujours été, à mes yeux, la plus belle et la plus à désirer pour quiconque y est appelé. Je crois l'être et ne pas avoir lieu d'en douter. Car enfin, que de moyens n'ai-je pas eus de m'en dégoûter, si cela avait pu se faire? Après avoir demeuré depuis mon enfance à Avranches, au milieu de parents pieux, de camarades pleins de religion, de professeurs vertueux, je me suis trouvé tout à coup transporté dans une ville bien éloignée de la première pour la religion, associé à des camarades connaissant à peine ce que c'était que le Christianisme, qui, lorsqu'ils en parlaient, c'était pour blasphémer contre lui, pour la plupart, cherchant à tourner en ridicule toutes les pratiques de piété, et à en détourner ceux qui les respectaient. Si l'on vient me dire, après cela, que ma vocation n'est pas assez éprouvée, je ne sais donc plus à quelles épreuves il faut se soumettre pour la juger véritable. Je ne

(1) Le nombre des séminaristes ne tarda pas à augmenter à Coutances à tel point que, quinze ans plus tard, on y voyait aux ordinations 250 ordinands et que quatre-vingt dix-neuf prêtres y furent ordonnés en la seule année 1829.

sais plus quels moyens Dieu emploiera (à moins que des miracles) pour nous la faire connaître.. Si l'on ne peut douter, au contraire, que je sois bien appelé, qu'il y en a peu qui aient des marques aussi évidentes, quelle sera la conduite de parents chrétiens? C'est à toi d'en juger : ils feront voir à leurs enfants les dangers d'un état, à la fois si saint et si redoutable; quelle pureté il faut y conserver! Quelle sévérité de mœurs! Quelle sainteté et quelle prudence dans toutes leurs actions, sur lesquelles les hommes ont toujours les yeux, tantôt pour les critiquer, tantôt pour les attribuer à mauvais dessein; en un mot, ils leur exposeront quel malheur ce serait d'entrer dans un pareil ministère, avec des vues tout humaines ou avec une vocation peu éclairée! Mais s'ils croient voir dans leurs enfants des intentions droites et fondées sur la vérité, la volonté du Seigneur, ne doivent-ils pas les voir avec joie prendre un état saint et si agréable aux yeux de Dieu? Tu vois bien où j'en veux venir; oui, chère maman (et pourquoi cela te ferait-il de la peine, puisque tu as de la Religion)? ma vocation n'a point changé, elle est plus forte que jamais. Si elle ne présente ni honneurs, ni richesses, ni dignités, elle présente des biens plus précieux, et Jésus-Christ, en instituant l'Eglise, n'a point promis aux Apôtres qu'ils seraient puissants, mais persécutés; qu'ils seraient riches, mais à peine pourvus de la substance nécessaire à la vie; qu'ils seraient honorés, mais plutôt haïs des hommes, à cause de lui et de sa sainte doctrine. Ce n'est pas que je ne connaisse ma faiblesse, et qui oserait se croire fort, lorsqu'un regard perd David, la volupté Salomon, le discours d'une servante, le Prince des Apôtres? Mais, aidé de la grâce, j'espère pouvoir faire ce que tant d'autres ont fait, avec son secours. Je te le répète donc, je persiste toujours dans mon premier dessein. Pour l'Ecole normale, je ne me sens point de goût pour y entrer. Je préférerais bien Saint-Sulpice. Au bout du compte, j'ai cinq ans à me retourner, et, pendant ce temps, il se passera bien des choses, et, sans être engagé, je pourrais toujours m'instruire dans la science nécessaire à mon état, science toujours précieuse, quand bien même je me déterminerais pour un autre, au lieu que si, comme tu le dis, je prenais l'Ecole normale, et que, mes dix ans expirés, je voudrais revenir à ma vocation, de bonne foi, serais-je en état de la suivre, n'ayant aucune connaissance, ni de l'Ecriture, ni du Nouveau Testament, ni des Pères de l'Eglise? étude qui demande bien du travail et des réflexions. Enfin essayons, rien ne m'empêchera, si je me dégoûte du Séminaire, d'entrer à l'Ecole normale. Voilà tout ce que j'avais à te dire là-dessus. Peut-être en ai-je dit bien long; je ne crains point d'entrer dans trop de détails avec une mère toujours prête à excuser ses enfants, et à leur enseigner leurs devoirs, lorsqu'ils se sont trompés. »

Puissent tous les jeunes gens dont les familles ou l'entourage, sous divers prétextes, voudraient empêcher ou retarder l'entrée au Séminaire, imiter la douce opiniâtreté de Léon du Rosel de Saint-Germain!

XII

Heureuse obstination

J'écrivais naguère, on s'en souvient, à une mère de famille opposée à la vocation de son fils et je m'efforçais de lui démontrer qu'elle ne devait pas, sous prétexte de l'éprouver, le forcer à retarder son entrée au Séminaire.

Un de mes amis, qui occupe avec distinction un poste élevé dans l'Eglise de France et qui s'intéresse à notre Association, me fit à ce sujet la confidence suivante qui montrera jusqu'où peuvent aller certains préjugés, même chez ceux qui devraient être les plus favorables aux vocations sacerdotales :

« Je me suis arrêté spécialement, en lisant votre bulletin, à la lettre que vous adressez à une mère de famille. L'état d'esprit de votre correspondante réelle ou typique est bien fréquent. Je l'ai connu par mon expérience personnelle. Vous avouerai-je que, sur ma demande instante et réitérée d'entrer au Grand Séminaire après mon baccalauréat de philosophie, — j'avais dix-huit ans bien comptés — ma mère... non ! plutôt mon oncle, qui était prêtre, que vous avez vu et dont vous avez, je crois, quelque souvenir, répondirent que pareille décision ne se prenait pas à un âge si tendre et que je devais, par avance, faire à l'Université mes études de Droit... Je n'acceptai point du tout la combinaison imposée ni surtout les études de Droit, les seules peut-être pour lesquelles j'avais une répugnance profonde. Et j'en fis à mon gré et je crois que c'était sage. Ma mère en convint sans tarder, mais mon oncle me tint rigueur pendant la plus grande partie de mon Séminaire. — Il finit cependant par reconnaître que j'avais raison de m'obstiner et il m'en a plus d'une fois loyalement félicité !... »

N'empêche que si le neveu avait été moins

ferme en son dessein, la prétendue épreuve qu'on voulait lui imposer pouvait faire sombrer sa vocation. N'oubliez pas, chers Associés, que vous vous engagez, non seulement à ne pas contrarier ainsi les vocations sacerdotales mais encore à les favoriser de tout votre pouvoir.

XIII

Les parents de saint Jean Eudes

Rien ne favorise mieux l'éclosion des vocations sacerdotales que les sentiments religieux de la famille. Saint Jean Eudes eut le bonheur de naître de parents très pieux. Isaac Eudes et Marthe Corbin étaient à Ri, au diocèse de Séez, « les modèles des époux, donnant à tous l'exemple des plus fortes et des plus aimables vertus conjugales : respectueuse déférence, tendresse délicate et dévouée, entière communauté de pensées, de volonté et de sentiments, fondée sur une religion sincère et sur un grand amour de Dieu, activité industrieuse et constante ».

Mais, après trois ans de mariage, leur union restait stérile. Ils s'adressèrent à la Sainte Vierge et promirent un pèlerinage à son sanctuaire de Notre-Dame de Recouvrance qui se trouve à six lieues de Ri. Quelques mois plus tard, ils eurent la grande joie d'accomplir leur promesse et consacrèrent à Marie l'enfant qu'ils attendaient. Après ce premier-né, qui a rendu si glorieux le nom de ses parents, Dieu leur donna encore six autres enfants, quatre filles et deux garçons.

Il semblerait, après ce que nous avons vu des dispositions de ces pieux parents, que Jean Eudes ne dût recevoir de leur part que des encouragements lorsque, ses études brillamment terminées au Collège de Caen, il manifesta son désir d'entrer dans les saints Ordres. Mais, comme tant d'autres parents, — chrétiens eux aussi, — Isaac Eudes et Marthe Corbin avaient rêvé de conserver près d'eux un fils si accompli qu'ils considéraient comme devant être le soutien et la consolation de leurs vieux jours. Ils avaient oublié la promesse faite jadis à Notre-Dame de Recouvrance et, au lieu de donner leur enfant à l'Eglise, ils se proposaient de le marier. Ils avaient même choisi la jeune fille qu'ils estimaient devoir être pour lui une excellente épouse et ménagé une rencontre à laquelle le saint jeune homme, qu'on appelait déjà « le dévot Eudes », ne put se dérober. Mais il ne se prêta pas autrement aux desseins de ses parents, si contraires à la décision qu'il avait prise, et ceux-ci, comprenant leur erreur, ne tardèrent pas à renouveler l'offrande qu'ils avaient faite à Dieu de leur enfant.

Prions Dieu, par l'intercession de saint Jean Eudes, pour que les parents chrétiens qui contrarient la vocation de leurs fils reviennent aussi à des sentiments plus désintéressés et plus chrétiens.

XIV

La place où « il est tombé »

Quand ils eurent fini leur marche ils entrèrent tous les deux — l'homme et la femme — dans la cathédrale.

D'abord ils avancèrent lentement, intimidés par la majesté de l'édifice et par un silence que ne parviennent pas à troubler les rumeurs de la place voisine.

Mais bientôt leurs pas s'enhardirent; car ils n'étaient pas des étrangers pour la Cathédrale; elle les connaissait, les ayant vus dans les jours qui sont ses grands jours : c'étaient le père et la mère d'un prêtre.

Oui, ils étaient venus, à cinq reprises, contempler les cérémonies auxquelles prenait part, d'une façon plus intime chaque fois, leur abbé — « notre abbé Jean », comme ils disaient; lui, roulant son chapelet entre ses gros doigts et ne perdant pas un détail du drame sacré de l'Ordination; elle, suivant attentivement dans son livre et ne levant la tête que lorsque son mari lui disait tout bas : « Regarde : c'est son tour... Le voici à genoux... Il est auprès de Monseigneur... Il revient à sa place. »

Mais ce qui les avait le plus frappés, c'était *la prostration*... « qu'ils tombent tous ». Ils revoyaient sans cesse la moisson blanche des ordinands jonchant le chœur de la cathédrale; les humbles paysans avaient deviné la fervente prière de ces jeunes gens prosternés dans la poussière, jamais leur fils ne leur avait paru aussi grand qu'à ce moment, où, comme on l'a dit, *il tombait devant le Christ afin de ne pas tomber devant les créatures.*

Ils étaient revenus l'après-midi à la cathédrale pour fixer dans leur mémoire l'endroit exact où se trouvait leur abbé lors de l'émouvante cérémonie : « Ici? — Non, un peu plus loin. — Tu crois? — Oui. — C'est vrai, tu as raison. »

Par une coïncidence, qu'ils regardaient comme

providentielle, l'abbé Jean à son diaconat et à sa prêtrise occupait la même place. Ce détail, les parents du prêtre le gardaient dans l'intime de leur âme, comme il est dit de Marie, la mère de Jésus.

L'abbé Jean avait été nommé vicaire dans une paroisse assez éloignée de la ville épiscopale.

Mais s'il ne pouvait, aussi souvent qu'il le désirait, accomplir un pèlerinage à la cathédrale de son ordination, son père et sa mère le faisaient souvent pour lui.

Et ce fut la guerre.

Après la moisson blanche, la moisson rouge, de celle-ci l'abbé Jean ne se releva pas.

Au village on pleura longtemps, mais sans révolte, car on était chrétien. Et les vieux parents attendaient la consolation accordée à tant d'autres : le retour de la dépouille mortelle du fils aimé. Ils rêvaient — seul rêve qui leur fût permis désormais — de sa sépulture au pied de la croix du cimetière, à côté des tombeaux marqués d'un calice.

Hélas! cette consolation leur fut refusée. Les recherches les plus minutieuses ne parvinrent pas à faire découvrir les restes du soldat.

— Notre malheur est complet, dit le père, en apprenant cette nouvelle.

— Non, mon homme, dit doucement la femme, nous avons encore la cathédrale.

— C'est vrai, j'oubliais! là aussi Jean est tombé glorieusement.

Et ils ont recommencé leur pèlerinage interrompu par la guerre.

Ils viennent chaque semaine, s'agenouillent dans le chœur à l'endroit même où leur fils s'est prosterné lors de ses ordinations, prient longuement et, lorsqu'ils se croïent seuls, embrassent le pavé qui garde le souvenir d'instants si solennels... Pour eux c'est là que leur fils repose en attendant le suprême rendez-vous.

Mais le père n'a pu surmonter son chagrin : il porte les années et il porte sa peine; la mère est plus vaillante; néanmoins, ils craignent de ne plus pouvoir venir.

Aussi, l'autre jour, apercevant un prêtre dans la cathédrale, la mère de l'abbé Jean est allée vers lui une enveloppe à la main.

— Tenez, Monsieur l'Abbé, prenez ceci pour un séminariste.

— Mais, Madame, avez-vous quelque préférence?

Elle hésita :

— C'est peut-être difficile, murmura-t-elle.

— Si c'est possible, croyez que...

— Eh bien, regardez, juste à cet endroit : c'est là que notre abbé Jean, disparu à la guerre, est tombé aux ordinations. Oui, deux fois à la même place. C'est étonnant, mais c'est ainsi. Si vous pouviez remettre cette offrande à celui qui s'y trouvera aux prochains Quatre-Temps. C'est une idée que j'ai comme cela. Dans le cas où il n'en aurait pas besoin, ajouta-t-elle, il en fera la charité; mais je voudrais que cet argent passe par ses mains... c'est une idée que j'ai comme cela.

— Il en sera ainsi, je vous le promets.

— Oh! merci, dit-elle avec effusion.

Le père s'était rapproché : Merci, dit sa voix, comme un écho.

Mais ce n'était pas tout.

D'un solide panier à anse, fabriqué avec du bon osier de Remilly, la femme sortit, comme à regret, un paquet assez volumineux, soigneusement enveloppé dans une serviette blanche. Elle enleva l'épingle à tête dorée qui fixait les bords de la serviette, et montra une aube au crochet, de dessin un peu lourd et dont l'exécution trahissait des mains novices : « L'aube de sa première messe. C'est notre fille aînée qui l'a faite... Prenez-la, Monsieur, puisqu'il n'en a plus besoin maintenant. »

On sentait que le sacrifice était grand. Le prêtre que le hasard avait rendu témoin de cette scène touchante ne savait que dire.

Mais déjà la mère de l'abbé Jean prenait congé : « Au revoir, Monsieur; excusez le dérangement que je vous occasionne. Mais je sens que notre fils est content. Et puis, je ne sais si nous reviendrons ici bien souvent désormais. On se fait vieux. Au revoir et merci. » Et elle s'inclina devant le prêtre dans une attitude respectueuse dont les anciens ont gardé le secret.

« Allons, mon homme, faisons un bout de prière. Et partons; le train n'attend pas, tu sais. »

Ils s'agenouillèrent un instant; puis lentement, à regret, se retournant plusieurs fois vers le coin de la cathédrale où ils laissaient leur cœur, ils descendirent la grande nef, se dirigèrent vers le porche nord et se perdirent dans la cohue du marché.

J. C.

CHAPITRE V

FAVORISEZ LES VOCATIONS

I

Un cercle vicieux
Le moyen d'en sortir

L'œuvre du recrutement sacerdotal est aujourd'hui exposée à s'immobiliser dans une sorte de cercle vicieux. Les prêtres, absorbés par leur ministère, ne peuvent plus s'en occuper avec l'activité qu'ils y mettaient autrefois et c'est au moment où il aurait le plus besoin de se recruter que le clergé abandonné à lui seul est le plus empêché d'y travailler.

Comment sortir de ce cercle vicieux? En faisant appel au concours des fidèles. C'est pourquoi nous demandons aux chrétiens zélés de voir si, autour d'eux, ils ne trouveraient pas quelques enfants ou jeunes gens prédestinés au sacerdoce.

Il y a actuellement, en cours d'études, des élèves ecclésiastiques qui nous furent signalés par de bons chrétiens de leur paroisse, soit que ces jeunes gens moins timides avec eux qu'avec M. le Curé leur eussent fait confidence de leurs secrètes aspirations, soit que leur attitude les eût désignés comme pouvant devenir un jour de bons prêtres.

Nous prions instamment nos associés de chercher s'ils ne trouveraient pas dans leur entourage des vocations qui peut-être s'ignorent elles-mêmes ou n'attendent qu'un encouragement et un secours.

Pour les aider dans le discernement délicat de ces vocations précieuses, voici quelques rapides indications :

Il y a deux choses à considérer en ceux qu'on présume appelés au sacerdoce : 1° les aptitudes; 2° l'intention.

I. Les aptitudes. — Elles se rapportent à quatre chefs que — pour aider à les retenir, — nous désignerons par les quatre S : Sainteté; Science; Santé; Souche (ou famille).

1° *Sainteté.* — Il ne s'agit pas de la sainteté acquise, mais des dispositions pour la piété et la vertu qui permettent d'espérer que le jeune candidat saura persévérer dans la fidélité à tous ses devoirs ecclésiastiques.

2° *Science.* — Que l'enfant manifeste des aptitudes pour l'acquérir; pas seulement de la mémoire, ce qui serait très insuffisant; pas nécessairement une haute intelligence; mais surtout les indices d'un bon jugement.

3° *Santé* suffisante pour entreprendre les longues études et supporter plus tard les fatigues réelles du ministère.

4° *Souche* ou famille honorable sans tares physiques ou morales qui puissent amoindrir la considération dont un prêtre doit jouir ou faire craindre pour son avenir les conséquences d'une fâcheuse hérédité.

Compensations. — Si un enfant réunit les quatre conditions, il n'y a pas de difficulté, mais il arrive assez souvent que l'une ou l'autre laisse à désirer ; par exemple, la famille ou la santé. En ce cas, il faut voir si le talent et la vertu offrent une compensation suffisante.

Ce qu'il faut éviter, c'est d'acheminer vers le Séminaire de pauvres enfants dont les « quatre S » ne seraient qu'un ensemble de médiocrités, surtout lorsque ces enfants dont le succès est si douteux doivent être plus ou moins complètement à la charge du diocèse. Qu'une famille aisée fasse faire à ses risques et périls des études à un enfant, il sera toujours temps de voir lorsqu'il aura 19 ans s'il peut être admis au Séminaire. Mais serait-il raisonnable de faire attribuer pendant six ou sept ans un secours de douze cents francs à un enfant dont le succès final est si douteux?

Une dernière remarque. — Si les élèves ecclésiastiques pauvres méritent tout spécialement la sollicitude de l'Eglise, c'est à la condition que, non seulement ils donnent de sérieuses garanties de persévérance, mais que, à défaut des subsides nécessaires aux frais de leur éducation, ils puissent trouver cependant un certain appui dans leur famille : appui moral des sentiments chrétiens, surtout chez la mère et apport matériel de ce qui est nécessaire pour leur entretien. Ce n'est qu'en des cas tout à fait exceptionnels et lorsqu'il y a par ailleurs de très notables compensations qu'il conviendrait de mettre un enfant complètement à la charge de notre Œuvre des Vocations.

Les pauvres enfants dénués de toute sorte d'appui familial semblent devoir être plutôt à leur place dans les alumnats destinés à suppléer à ce qui manque du côté de leurs parents.

II. **L'intention.** — Il ne suffit pas, pour être appelé à l'état ecclésiastique, d'avoir les aptitudes que nous venons d'indiquer. Beaucoup d'enfants en qui elles se rencontrent ont une autre destinée.

Il faut donc que le jeune élu envisage, en ce qui le concerne, que le meilleur emploi qu'il puisse faire de sa vie est de la consacrer au service de l'Eglise.

On voit donc aisément : 1° Ce qu'il faut penser des prétendus attraits d'enfants ou de jeunes gens qui se croient appelés au Sacerdoce alors qu'ils n'ont pas les aptitudes nécessaires;

2° Qu'il faut aider les enfants et les jeunes gens à envisager cette destinée à laquelle plusieurs, tout en étant vraiment prédestinés, ne songeraient pas d'eux-mêmes..

L'*intention* qui est ici en cause ne peut exister sans la connaissance de son objet. Voilà pourquoi il est si nécessaire de parler de la vocation en public ou en particulier, afin que l'*attention* de ceux qui sont appelés se portant sur le Sacerdoce, y fasse naître l'*intention* de le recevoir un jour.

C'est un germe qu'il s'agit de découvrir. Et quand on l'a découvert, combien encore importera-t-il de veiller pour qu'il se développe!

II

Répandez la Bonne Semence

On a aujourd'hui, en faveur du Recrutement sacerdotal, toutes sortes de moyens de propagande : tracts, bulletins, images, sans parler ici des *Congrès* et des *Journées des vocations.*

Faites donc lire le bulletin de votre diocèse, exposez des affiches, répandez les feuilles et les images de propagande.

Prêchez aussi.

Saint Antoine ne serait pas allé au désert si, dans une église où la Providence l'avait conduit, il n'avait pas entendu répéter cette parole de l'Evangile : *Si vis perfectus esse, vade et vende omnia quæ habes, et da pauperibus* (1).

C'est d'une façon tout à fait analogue que j'ai vu naguère se manifester une vocation sacerdotale. Un sergent qui allait achever son service militaire vint me demander une place au Séminaire. Il avait fait ses études au Collège Sainte-Barbe à Paris et pris ensuite un diplôme d'ingénieur électricien.

(1) Si vous voulez être parfait, allez, vendez ce que vous avez et donnez-en le prix aux pauvres.

— Vous ne songiez donc pas alors, lui dis-je, à l'état ecclésiastique. Quand et comment l'idée vous en est-elle venue?

— J'étais allé, me répondit-il, un dimanche soir dans une église de la banlieue de Paris où j'entendis prêcher sur l'insuffisance actuelle du recrutement sacerdotal. J'en fus impressionné et, poursuivi par cette idée, non seulement je priai « le Maître de la moisson d'y envoyer des ouvriers », mais je cherchais autour de moi pour trouver quelque recrue. J'avais un jeune frère qui était alors en quatrième. J'essayai, mais en vain, de lui faire envisager le Séminaire. Alors, tout d'un coup, se posa à mon esprit cette question : Pourquoi pas moi? Plus j'y réfléchis, plus elle s'imposa à mon attention. Je m'abonnai au Bulletin *Des Prêtres,* puis au *Recrutement sacerdotal.* Je lus aussi votre Bulletin des Vocations. Ma résolution s'affermit de plus en plus et maintenant elle est tout à fait arrêtée.

Pas plus que le prédicateur qui détermina la vocation de saint Antoine, le prêtre de la banlieue parisienne qu'entendit mon ingénieur n'a soupçonné la portée de sa parole, tant il est vrai qu'il ne faut jamais hésiter à jeter en toute occasion la bonne semence (1).

(1) Celle que le sergent avait jetée dans l'âme de son

III

Le souci du recrutement sacerdotal

Chez nos Prêtres. — Les lettres qu'ils écrivent à propos de l'Œuvre des Vocations manifestent leur grand désir de découvrir et de former des élèves ecclésiastiques. Plusieurs, cependant, ont besoin d'être encouragés. Dans une œuvre si délicate, il y a des déceptions inévitables. Mais les mauvaises récoltes ne découragent pas le bon laboureur. Un curé qui a déjà beaucoup travaillé pour le recrutement sacerdotal me faisait confidence, naguère, de certains déboires et de ses hésitations au sujet d'un nouvel élève. Je l'engageai à ne pas négliger cette jeune recrue et à profiter de la mission qui se faisait dans la paroisse pour décider l'enfant et ses parents. La mission vient de finir et le curé m'écrit tout joyeux et réconforté : « Vous m'aviez demandé avec instance de m'occuper de l'enfant dont je vous avais parlé, je suis heureux de vous dire le résultat des démarches que le missionnaire et moi nous avons faites auprès de la famille le

jeune frère a elle-même, à la longue, porté ses fruits, car il s'est décidé à suivre les traces de son aîné.

soir même de la clôture de notre mission. Contrairement à mon attente, le père a déclaré qu'il serait heureux de donner un enfant à l'Eglise. L'enfant est animé des meilleures dispositions. Il a fait, durant la retraite, l'admiration du missionnaire et l'édification de la paroisse. Nous commencerons le latin l'été prochain, après sa première communion solennelle. J'étais presque décidé à ne plus m'occuper de vocations ecclésiastiques, mais je me suis laissé prendre dans vos filets. » Il est si bien pris, le cher curé, qu'il cherche d'autres élèves, en dehors même de sa paroisse, dans un doyenné qui n'est pas fertile en vocations : « Lorsque je vais aux adorations, je vois de gentils enfants et je me demande comment, sur la quantité, il ne s'en trouve pas quelques-uns pour répondre à l'appel divin. Les familles de cette région sont encore chrétiennes, et, à leurs yeux, le sacerdoce n'a pas perdu son prestige. Puissent les prêtres auxquels Dieu a confié ces enfants prononcer la parole prudente, mais décisive, grâce à laquelle ils s'achemineront vers le séminaire ! »

Oui, une parole suffit parfois pour attirer sur une vocation l'attention d'un enfant, de ses parents et du prêtre lui-même qui, jusque-là, ne discernait pas l'élu de Dieu parmi son petit peuple. Aux dernières vacances, dans une paroisse où je prêchais sur le recrutement sacerdotal, je fus frappé par l'attitude du jeune thuriféraire. Je fis part au curé de mon impression. Quelques semaines plus tard, il m'apprenait l'entrée au collège de son enfant de chœur. Ayant eu occasion, alors, d'écrire au Supérieur, je joignis à ma lettre un mot pour son nouvel élève de qui j'ai reçu la réponse suivante : « Mercredi dernier, M. le Supérieur m'a prié de monter à sa chambre. Je me demandais pourquoi : avait-il quelque réprimande à me faire? Je ne savais quoi penser. Quelle ne fut pas ma surprise, quand il me remit une carte de M. le Supérieur du Grand Séminaire! Quel plaisir et quelle joie cette carte m'a procurés! Je l'ai lue et relue et je la conserverai toute ma vie. J'étais loin de penser que, lors de votre venue à X..., vous m'eussiez remarqué parmi mes camarades et pressenti ma vocation au sacerdoce. Merci, Monsieur le Supérieur. J'espère qu'à l'avenir comme présentement on n'aura qu'à vous faire des éloges de ma conduite et de mon travail. J'ai pris comme directeur de mon âme M. X., qui a à cœur mon avancement spirituel. En lui j'ai mis ma confiance et j'espère que, dans quelques années, je pourrai me placer sous votre direction. »

Si Dieu ne nous accorde pas la consolation de trouver et de former nous-mêmes des élèves ecclésiastiques, les occasions ne nous manqueront pas de manifester nos sympathies à ces chers enfants et aux prêtres qui s'en occupent et nous aurons du moins le mérite de les avoir encouragés.

Dans les familles. — Un vicaire, chargé dans sa paroisse de l'œuvre des vocations, m'écrit :

« Dès le lendemain du jour où fut lue en chaire la lettre pastorale, un officier de marine vint m'apporter vingt francs avec la promesse de renouveler ce geste tous les mois. Et, ce qui est mieux, il me dit que son plus grand désir serait de voir son fils âgé de huit ans devenir prêtre un jour. »

Mme la Comtesse de X., en même temps qu'une généreuse offrande envoie les lignes suivantes : « J'ai lu la lettre pastorale avec le plus vif intérêt... Je vous prie de compter sur mon dévouement et mes humbles prières pour cette œuvre indispensable. Que Dieu suscite partout de nombreuses et saintes vocations! S'Il daignait faire entendre son appel à notre foyer, cette grâce de choix ne serait pas perdue. »

« Dans quelques années, écrit Mme la Baronne de X., je serai ravie de vous confier mon enfant d'adoption revenu d'Allemagne où il a été quatre ans prisonnier. Il est orphelin et a retrouvé ici une famille, je suis si heureuse de contribuer à donner un prêtre de plus à Dieu...

Mon rêve, je vous l'avoue, serait de voir un jour un de mes deux fils devenir prêtre. Mais mériterai-je jamais pareil honneur et pareil bonheur? Je me berce de ce rêve, quand je vois mon second fils, qui a sept ans, dire la messe, chanter les vêpres et déclarer qu'il sera abbé! Priez pour que ce vœu devienne une réalité et qu'une ou plusieurs de mes filles se consacrent au service du bon Dieu. »

IV

Faut-il attendre les confidences?

Il y a quelques semaines, dans une réunion catholique du diocèse, on discutait — comme cela maintenant, arrive souvent, ce qui est d'un bon augure, — la question des vocations ecclésiastiques. Un des plus vénérables parmi les assistants prétendait que, de même qu'il convient au prêtre d'attendre les fidèles à l'Eglise sans multiplier les industries du zèle pour les y attirer, de même on doit se garder d'aller au-devant des jeunes recrues sacerdotales et qu'il faut attendre que les enfants par eux-mêmes ou par leurs familles viennent se proposer pour le Séminaire.

...Et voilà pourquoi, de certaines paroisses bien chrétiennes pourtant, nous ne voyons jamais venir personne.

Mais, grâce à Dieu, on ne reste pas partout sur cette... prudente expectative.

Aux derniers examens d'admission à la Communion solennelle, un de nos Doyens, qui présidait, interroge un enfant, qui lui semblait intelligent, sur le Sacrement de l'Ordre. L'enfant, par ses réponses, montre qu'il a non seulement retenu, mais compris et goûté l'enseignement du catéchisme. « Et vous, lui dit le Doyen, ne seriez-vous pas bien aise d'être prêtre? — Oh! oui, Monsieur le Doyen... »

Et voilà comment un nouvel élève ecclésiastique s'est acheminé le mois dernier vers l'Institut Notre-Dame d'Avranches pour s'y préparer à entrer un jour au Séminaire.

Dans une autre paroisse du même doyenné, vers la fin de la retraite de Première Communion, un enfant, les larmes aux yeux, aborda le vicaire : « Qu'avez-vous donc, mon pauvre petit? — Je suis allé à confesse au prédicateur... —

Eh bien! n'êtes-vous pas content de votre confession? — Oh si! mais le prédicateur m'a demandé si je ne voulais pas être prêtre et j'ai répondu non. — Mais, mon pauvre enfant, vous aviez bien le droit de répondre non si ce n'est pas votre intention. — Mais si, Monsieur l'Abbé, c'est mon intention. Seulement je n'ai pas osé le dire...

Et voilà pourquoi, si l'on veut obtenir les confidences des enfants, il faut parfois insister doucement, discrètement.

A la dernière Confirmation, un curé a pu présenter à Mgr l'Evêque quatre petits enfants qui veulent être prêtres. Voici comment un de ces chers petits a discrètement manifesté son attrait pour le Sacerdoce. Il n'en parlait ni à ses praents ni à son confesseur. Mais, à la Fête-Dieu, la procession passant devant la maison de ses parents, dès ses plus jeunes années, il édifiait un minuscule reposoir...

Développons la dévotion des enfants envers la sainte Eucharistie. Donnons tous nos soins aux communions précoces et fréquentes et, dans les âmes de ces chers petits communiants, germeront des vocations.

V

Un petit enfant qui n'osait pas

C'était au cours d'une réunion des enfants, le jeudi, dans l'église d'une des villes de notre diocèse. M. l'Archiprêtre parlait à son petit monde de l'insuffisance actuelle du nombre des prêtres. Ce n'est pas que Dieu ait semé d'une main moins libérale qu'autrefois les germes de la vocation. Mais il y a des âmes d'enfant en qui ce germe précieux a dépéri. Ils auraient dû être prêtres comme ce jeune homme de l'Evangile que Notre-Seigneur avait discerné, qu'il avait regardé avec amour et auquel il avait fait envisager l'apostolat... Et le jeune homme, infidèle à sa vocation, s'en était allé tout triste.

Il y a toujours eu des défections parmi ceux que Dieu appelait au Sacerdoce. Il y en a eu davantage ces dernières années, parce que beaucoup de petits enfants ont été détournés de leur vocation par leurs parents, par leurs maîtres, par leurs camarades... et voilà pourquoi il y a dans notre cher diocèse de Coutances deux cents paroisses qui n'ont pas de prêtres.

A chaque séance de catéchisme, comme au prône de la messe du dimanche, on adresse à Dieu cette prière : « Mon Dieu, donnez-nous des prêtres, donnez-nous de saints prêtres et rendez-nous dociles à leurs enseignements. »

Parmi les enfants qui viennent de réciter cette prière, n'y en a-t-il pas un auquel Dieu a dit au fond de son cœur : « C'est toi, mon enfant, que je choisis pour répondre à cette demande? »

— Oui, se disait un des jeunes auditeurs de M. l'archiprêtre; oui, en effet, je crois que Dieu m'appelle à être prêtre. Mais je n'ose pas en parler. A qui le dire? Pas à mes parents qui ne m'encourageraient guère. Pas à mes maîtres de l'école laïque qui se moqueraient de moi. Si j'étais à l'école libre, si j'étais enfant de chœur, ce serait bien facile : j'en parlerais aux vicaires qui trouveraient cela tout naturel.

Mais ils ne se doutent pas que Dieu ait appelé un enfant de l'école communale : je ne suis qu'un pauvre petit laïque. Jamais je n'oserai dire à ces Messieurs que je voudrais être prêtre. »

Comme s'il eût deviné ce qui se passait dans l'âme de son jeune auditeur, M. l'Archiprêtre insistait :

— Il y en a peut-être parmi vous, mes enfants, qui ont pensé à être prêtres, mais qui n'osent pas le dire, même à leur mère, même à leur professeur. Eh bien! qu'ils l'écrivent! Oui, mon enfant, vous à qui Dieu a parlé, mettez sur un bout de papier ces simples mots avec votre nom : « Je voudrais bien être prêtre » et puis glissez ce petit papier dans la boîte aux lettres du presbytère et vous verrez que la réponse ne se fera pas attendre.

Le lendemain, M. l'archiprêtre trouva dans son courrier une feuille de papier qu'il déplia et sur laquelle il lut ces mots tracés d'une main novice: « Je voudrais bien être prêtre ». La signature l'étonna, car ce n'est pas de ce côté qu'il attendait la réponse à son appel. Il interrogea le vicaire qui faisait le catéchisme à ce petit. Le vicaire répondit qu'il avait remarqué ses réponses intelligentes, le goût qu'il semblait prendre au catéchisme, son attitude pieuse qui tranchait sur celle de ses camarades de l'école communale.

L'enfant, appelé, se présenta, tout rouge, mais content. Encouragé par de bienveillantes questions, il fit ses petites confidences. Il y avait bien longtemps déjà qu'il y songeait, depuis sa première communion. Mais jamais il n'aurait osé en parler, si l'idée ne lui avait pas été suggérée de faire connaître son secret par écrit...

Voilà ce que me raconta, le 10 novembre, un

des vicaires venus à Coutances pour l'examen des jeunes prêtres.

N'y a-t-il pas, en d'autres paroisses, plusieurs enfants appelés de Dieu qui, eux non plus, n'osent pas le dire? De grâce, chers associés, préoccupons-nous d'aller au-devant de leurs confidences.

VI

Les vacances des Séminaristes et des élèves ecclésiastiques

C'est déjà beaucoup d'acheminer vers le séminaire un élève ecclésiastique. Mais là ne se borne pas la sollicitude des catholiques vraiment soucieux du recrutement sacerdotal. Ils se préoccupent des dangers que peuvent courir les vocations. Et voilà pourquoi leur sollicitude est particulièrement en éveil à l'époque des vacances. Ils prient pour que cette période critique, non seulement ne soit pour aucune vocation sérieuse une cause de ruine, mais qu'elle serve au contraire, en les éprouvant, à les consolider.

C'est là, en effet, la raison d'être du séjour prolongé que les élèves ecclésiastiques font chaque année dans leur famille. S'il ne s'agissait que du repos, il y faudrait sans doute, à différentes reprises, un temps assez considérable, car le travail intellectuel et la vie forcément sédentaire qui en résulte occasionnent à la longue une fatigue dont on doit se préoccuper, surtout à l'âge où se forme le tempérament de notre jeunesse studieuse.

Si, cependant, il ne s'agissait que du besoin de repos, les vacances des séminaristes pourraient être beaucoup plus courtes. S'ils étaient destinés à vivre plus tard en communauté, comme les religieux, il suffirait de leur accorder sur place la détente nécessitée par la fatigue de l'esprit. Mais ils sont destinés à vivre plus tard au milieu du monde et il faut les accoutumer progressivement à s'y comporter comme il convient à des ecclésiastiques.

Quand arrive le printemps, les jardiniers sortent de leur serre les plantes destinées à former les corbeilles de fleurs des parterres. Mais ces plantes délicates ne peuvent passer brusquement de la serre chaude au grand air souvent glacial des nuits de printemps. Il faut ménager la transition.

On a souvent comparé le Séminaire à une serre chaude, et cette comparaison fait bien comprendre la nécessité, pour les jeunes plantes qu'on y élève, d'une accoutumance progressive aux rigueurs d'une atmosphère moins douce et moins égale.

Est-ce à dire qu'on doive, pour éprouver la vertu de notre jeunesse cléricale, multiplier autour d'elle les pièges et les dangers?

Il y en a qui l'ont prétendu. A leur avis, par exemple, le service militaire des séminaristes, s'il n'était pas imposé par la loi, devrait l'être par leurs familles. Et en effet, il se trouve des parents qui, avant de permettre à leur fils d'entrer au séminaire, exigent qu'il fasse son service militaire, qu'il suive les cours des Facultés, qu'il fréquente le monde..., au risque d'y perdre sa vocation. Ce n'est pas une sage et salutaire épreuve, c'est une témérité presque toujours funeste aux vocations les plus certaines.

Tout autre est l'épreuve des vacances. Nos élèves appartiennent généralement à des familles bien chrétiennes où ni leur vertu ni leur foi ne sont en danger. S'il en est quelques-uns qui soient moins privilégiés, on s'efforce d'y suppléer, et le concours des fidèles est encore très utile pour procurer ou indiquer une situation convenable pour un séminariste en vacances.

Au séminaire et dans nos collèges ecclésiastiques, nous traçons à nos élèves, à la fin de l'année scolaire, les règles à suivre au cours des vacances. Nos chers enfants n'ignorent pas leurs devoirs, mais ils ont besoin que ceux qui les entourent leur en facilitent l'accomplissement.

L'habit que portent les Séminaristes est généralement très respecté dans nos paroisses chrétiennes et je sais des familles où de vénérables grands-parents n'osaient plus tutoyer leur petit-fils revêtu de la soutane.

C'est pour inspirer à nos jeunes clercs le respect de la dignité dont ils doivent être revêtus que nous les accoutumons à se dire les uns aux autre « vous » et « Monsieur », fussent-ils camarades d'enfance et de collège.

Il faudrait être bien peu réfléchi pour ne pas comprendre que ces appellations sont comme une barrière protectrice qui arrête sur les lèvres beaucoup d'expressions moins respectueuses qu'il ne convient à l'égard d'un ecclésiastique. Nous prions les parents et les amis de nos Séminaristes de se souvenir de cette observation.

A l'époque de la Séparation, on crut devoir donner à nos Séminaires le nom d'*Ecoles de Théologie* et on appela nos Séminaristes des *étudiants*. J'ai beaucoup de sympathie pour les étudiants qui sont pour nos élèves d'excellents amis en attendant qu'ils soient pour eux plus tard de très précieux auxiliaires. Mais ils comprendront eux-mêmes que leurs camarades destinés au sacerdoce, fussent-ils leurs inférieurs par le talent et même la vertu, sont astreints à certaines convenances ecclésiastiques. Ils seraient les premiers mal édifiés si leurs anciens condisciples revêtus maintenant de la soutane n'avaient pas plus de réserves dans leurs fréquentations, leurs allures et leur langage. Ce qui n'est pas messéant chez un étudiant en droit ou en médecine pourrait être choquant ou même scandaleux chez un Séminariste, lequel est autre chose qu'un « étudiant en théologie ».

Avant la guerre, alors qu'il était de mode d'admirer de confiance tout ce qui se faisait en Allemagne, des écrivains catholiques, — voire religieux (*Revue des Deux-Mondes*, Février 1902) — auraient voulu substituer à nos Séminaires — qui sont des noviciats plus encore que des écoles — des Facultés de Théologie, comme en Prusse, où les « étudiants ecclésiastiques », affiliés à tous les *Bund*, *Verein* et *Bruderschaft* de leurs collègues laïcs, en prenaient trop aisément les libres allures.

On comprend mieux aujourd'hui l'excellence du système d'éducation pratiqué dans nos Séminaires français. Nos Séminaires ont des traditions qui, durant la guerre, valurent de très flatteuses appréciations à leurs anciens élèves. Il ne faudrait pas que les longues années de mobilisation portent préjudice à des traditions si respectables. C'est pour cela que nous faisons appel aux parents et aux amis de nos Séminaristes, afin qu'ils nous aident à les maintenir dans leur intégrité.

Va-t-on me trouver exagéré?... Nous ne permettons pas à nos élèves de fumer au Séminaire. Est-il à propos d'insister en vacances pour leur en faire prendre l'habitude? Beaucoup, parmi eux, ont donné leur nom à l'Association antialcoolique de la *Croix-Blanche*. Pourquoi s'étonner qu'ils respectent leur engagement en toute simplicité et discrétion?

Plus impérieuse encore que le respect des convenances ecclésiastiques est la nécessité des vertus sacerdotales.

Pour s'assurer qu'elles existent à un degré rassurant dans les candidats au sacerdoce, l'Eglise requiert, en même temps que le contrôle des éducateurs du clergé, le suffrage des fidèles. Voilà pourquoi avant le sous-diaconat, — trois dimanches de suite, — avant le diaconat, et avant la prêtrise, on publie dans leur paroisse les bans de ceux qui sont appelés à l'Ordination.

Et voici comment, au début de la cérémonie de l'ordination sacerdotale, l'Evêque, après avoir demandé l'appréciation de l'archidiacre, justifie la consultation qu'il adresse au peuple chrétien lui-même :

« *Quand sur un navire s'embarquent des passagers, tous ressentent les mêmes craintes et les mêmes espérances que celui auquel incombe le soin de gouverner, car la situation étant commune, tous doivent éprouver les mêmes sentiments. De même, nos Pères ont établi avec raison que les simples fidèles seraient consultés sur l'opportunité du choix de ceux qui doivent être préposés au service de l'autel; et cela pour deux raisons : d'abord parce qu'il arrive souvent que ce qui dans la conduite d'un homme a échappé à la connaissance de la foule est pourtant connu de plusieurs; de plus et surtout, parce qu'il est bien utile, si l'on veut que les fidèles obéissent plus facilement au prêtre, qu'ils aient donné leur consentement à son ordination.* »

« *Or, sans doute, il nous semble, à nous, que la vie de ces diacres, qui dans quelques instants vont être élevés au Sacerdoce, a été, jusqu'à ce jour, exemplaire, agréable à Dieu, et digne autant que peut l'être une vie humaine, de ce couronnement d'honneurs. Mais nous craignons que l'affection tendre dont ils sont pour nous l'objet ne vicie quelque peu la valeur de notre appel; et c'est ce qui nous porte à venir vous interroger. »*

« Dites donc librement ce que vous savez sur leur vie et leurs mœurs, ce que vous pensez de leurs mérites, faisant taire votre cœur pour n'avoir égard qu'à la vérité. Si donc, encore une fois, l'un d'entre vous avait quelque déposition à faire contre ces jeunes gens, au nom de Dieu et pour sa gloire, qu'avec confiance il se lève et qu'il parle.

Qu'il n'oublie pas toutefois sa condition d'homme qui l'expose à l'erreur. »

Il est inouï que jamais, au cours de la cérémonie de l'Ordination, quelqu'un se soit levé pour dénoncer l'indignité d'un ordinand. Mais il y a d'autres moyens et d'autres occasions, quand on le juge utile, de donner ce salutaire avertissement.

Est-ce à dire que, lorsqu'il s'agit d'un candidat au Sacerdoce, on doive se montrer impitoyable pour toute faiblesse humaine? Hélas! qui oserait alors se mettre dans les rangs?

Aussi faut-il que les fidèles, constitués par l'Eglise, appréciateurs de la vertu des élèves ecclésiastiques, — spécialement au cours de leurs vacances, — se souviennent de deux choses :

1° S'il y a des défauts qui sont incompatibles avec l'état ecclésiastique, et qui, dès lors, doivent être dénoncés, la Providence permet que subsistent certaines imperfections inséparables de la faiblesse humaine pour lesquelles les bons prêtres eux-mêmes ont besoin de l'indulgence de leurs frères.

2° Les séminaristes et à plus forte raison les jeunes élèves de nos collèges sont en cours de formation. Il convient donc de leur accorder, et à leurs éducateurs, un peu de crédit, tout en avertissant charitablement, s'il y a lieu, ces chers enfants eux-mêmes et ceux qui peuvent remédier à leurs imperfections.

Puissent, au cours des prochaines vacances, nos chers séminaristes, nos chers élèves ecclésiastiques, donner à tous ceux qui les verront le consolant spectacle d'une vertu toujours en progrès, d'une fidélité toujours plus édifiante à leurs exercices de piété, d'une vocation qui, s'affirmant de plus en plus, confirme l'espoir que mettent en leur persévérance tant de pauvres paroisses abandonnées !

VII

Pourquoi suis-je entré au Séminaire?

Lettre d'un de nos séminaristes à un ancien camarade de Collège :

Grand Séminaire, le 14 novembre 1924.

CHER AMI,

J'ai été heureux d'apprendre, par ta dernière lettre, que le désir de faire du bien a suscité en toi la pensée du Sacerdoce. Tu me demandes si c'est là une marque de vocation certaine; ta question m'embarrasse, car je ne suis pas qualifié pour la résoudre. Permets-moi de te répondre par une confidence qui t'éclairera peut-être sur ton propre cas ; comme toi, j'ai éprouvé le besoin de l'apostolat et c'est ce qui m'a conduit ici. Le désir de me dévouer pour les autres ne fut d'abord qu'un germe, déposé en mon âme d'enfant par des parents soucieux de nous apprendre à être charitables; peu à peu le germe s'est développé et c'est de lui qu'est sortie, plus tard, ma vocation.

Tu sais qu'il y a une dizaine d'années, les pauvres étaient plus nombreux qu'aujourd'hui, surtout à la campagne. On allait les voir chez eux; on s'ingéniait à leur faire plaisir et à consoler ceux qui souffraient; on écoutait respectueusement les vieillards, qui, en échange d'une aumône, racontaient les histoires du temps passé. Nos parents nous apprenaient à nous priver d'un jouet ou d'une friandise pour les offrir à des enfants moins favorisés; et surtout ils nous faisaient goûter la joie profonde qui récompense dès ici-bas tout acte de générosité. Leurs exemples et leurs leçons m'impressionnaient beaucoup. C'était ma première formation « pastorale ». En même temps j'allais au patronage. Tu te souviens, comme moi, n'est-ce pas, de ces bonnes réunions du dimanche et du jeudi. J'entends encore les grands — ces grands que la guerre nous a pris — parler de dévouement et d'apostolat avec notre zélé directeur. Passant à la pratique, ils se dépensaient autour de nous, les plus jeunes, pour nous distraire et nous attacher à l'Œuvre et ils semblaient heureux d'entourer de leurs soins fraternels les plus délaissés. Faire du bien aux autres était leur idéal. Je pensais qu'ils avaient « bien de la chance » de pouvoir le réaliser.

Au collège, nos maîtres nous parlaient d'une influence à exercer sur nos camarades : il fallait maintenir le bon esprit, habituer les nouveaux, rendre service à tous. Tu connais toutes ces recommandations qu'on entend de temps en temps à la lecture spirituelle ou dans les sermons. Ces conseils continuaient de développer en moi le désir de me dévouer. Un instant, j'en vins moi-même à songer aux missions, le plus beau champ d'apostolat. Qui de nous, cher ami, n'a pensé à convertir les nègres ou les Chinois après la lecture de tel ou tel article dans le *Bulletin de la Sainte-Enfance?* Mais ces rêveries occupaient mon imagination, sans déterminer de résolutions bien arrêtées. J'étais à l'âge turbulent, où on rêve de tout sans être décidé à rien.

Bientôt, les circonstances me permirent de toucher du doigt le mal dont souffrait la classe ouvrière. Il y avait là, tout près de nous, dans la rue, parmi cette foule que nous apercevions parfois sortir de l'usine, des hommes qui vivaient au jour le jour d'un travail pénible, mais qui souffraient surtout de ne plus savoir espérer. Des préjugés néfastes avaient sapé la foi de ces baptisés et une doctrine de haine avait remplacé, dans leur cœur et leur vie aussi, notre évangile de charité et de paix. Leur regard lassé et souvent plein d'irritation m'impressionnait beaucoup, et je me rappelle, avec une tristesse émue, les couplets de l' « *Internationale* ». Tu ne saurais comprendre, cher ami, combien j'étais attiré par cette misère, plus profonde et plus cruelle que celle des pauvres vieillards et des infirmes. Je n'avais d'autre désir que de travailler de toutes mes forces à la restauration de ces âmes « dévastées ».

Comme remèdes, on préconisait les syndicats et les coopératives; je m'intéressais fort à ces organisations, mais il était facile de voir qu'il ne suffisait pas d'augmenter les salaires ou de réduire les heures de travail pour satisfaire les aspirations du peuple; il fallait avant tout lui redonner l'espoir d'une récompense éternelle pour lui faire accepter les inégalités inévitables d'ici-bas. D'aucuns disaient qu'il n'y avait rien à faire; n'as-tu point rencontré de ces pessimistes qui prétendent rendre service aux jeunes gens en les décourageant? Malgré les dires de ces sages, beaucoup d'ouvriers parmi les plus « rouges » laissaient voir, sous des dehors un peu rudes, un généreux fond de bonne volonté.

Comment ramener au bercail ces brebis égarées? A première vue, j'éprouvais, comme tu l'as ressenti toi-même, autant d'attrait pour l'action spontanée du laïc que pour l'apostolat du prêtre, faisant le bien, me semblait-il alors, comme par métier et parfois par routine. Ce n'était qu'une vue très superficielle de la question. Bientôt, je m'aperçus qu'il manquait quelque chose aux laïcs pour toucher les âmes. Sans doute, leur exemple exerçait une réelle influence ; leurs discours sur le catholicisme, piquant peut-être plus l'attention que certains sermons, pouvaient remuer les foules. Mais leur était-il possible d'atteindre jusqu'au fond des cœurs, où se cachait la racine du mal? Je me le demandais en songeant au mystère des âmes, dont la plupart demeurent fermées à l'éloquence et aux exhortations des hommes et dont Dieu seul semble avoir la clef. Je me sentais impuissant par moi-même à réaliser tout le bien que j'aurais voulu faire et dont tu rêves toi aussi, en ce moment. Pour l'accomplir, il me fallait devenir l'humble ministre de celui qui est la Vérité et la Vie; il fallait aller jusqu'au Sacerdoce, car tu sais bien qu'il y a des plaies qu'on ne peut panser qu'au confessionnal, des conseils que le prêtre peut seul donner et des remèdes dont il est l'unique dispensateur : les sacrements.

Je me décidai donc à entrer au Séminaire et pourtant il m'attirait assez peu. Toutefois, ne sois point surpris, cher ami, de m'y voir encore, car, en modifiant le mot d'un converti sur le catholicisme, je te dirai « qu'entre le Séminaire, vu du dehors, et le Séminaire, vu du dedans, il y eut pour moi la même différence qu'entre les verrières d'une cathédrale, selon qu'on les regarde d'un côté ou de l'autre; du dehors, elles apparaissent comme des taches grisâtres ; du dedans, ce sont des figures aimables et rayonnantes de lumière ». De même, avant d'y être entré, je croyais le Séminaire terne et maussade; je ne soupçonnais pas les avantages de cette vie de prière et d'étude où l'âme s'épanouit tout en se recueillant et s'habitue à vivre en paix sous le regard de Dieu, dans la simplicité, la confiance et la joie. Si je n'avais pas encore apprécié cette formation, on m'en avait, du moins, prouvé la nécessité. Notre-Seigneur n'a-t-il point dit : « Si le grain de froment qui tombe en terre ne meurt pas, il demeure seul; mais, s'il meurt, il porte beaucoup de fruit ». Avant de se donner aux autres, il fallait donc s'habituer au renoncement ; pour devenir apôtre, il fallait pratiquer la vie intérieure, « âme de tout apostolat »; pour apprendre à parler, il fallait se taire.

Je dois t'avouer, cher ami, que j'avais peine à me convaincre de ces vérités qui paraissent un peu austères, n'est-ce pas, quand on a dix-huit ans. Mes préoccupations d'alors ressemblaient plus à celles de Marthe qu'à celles de Marie. Il restait à dissiper bien des illusions et surtout à substituer une charité vraiment surnaturelle à un enthousiasme fragile. Je me rends compte aujourd'hui que le zèle, qui m'avait poussé vers le Sacerdoce, était bien imparfait. Admire avec moi la Providence qui sait tirer parti de tout, même de nos imperfections, pour nous conduire où elle nous veut ! Vois-tu : elle ne nous demande qu'un peu de bonne volonté. Je me réjouis de constater que tu n'en manques pas; et, avec l'espérance de te voir un jour parmi nous, je t'exprime, cher ami, ma fraternelle amitié.

Union de prières.

A. F.

CHAPITRE VI

CONTRIBUEZ AUX FRAIS DE LEUR ÉDUCATION

I

Ce que nous devons aux familles des Séminaristes et des élèves ecclésiastiques

Nous ne saurions assez dire combien nous leur sommes redevables et quel droit elles ont à la reconnaissance du diocèse. D'abord elles nous donnent leurs enfants, et n'est-ce pas, avant tout, de ces chers enfants que nous avons besoin pour en faire des prêtres? Or, sait-on quelle est, parfois, la grandeur de ce sacrifice, non seulement parce que, peut-être, on avait rêvé, pour un enfant très bien doué, une autre destinée qui semblait plus brillante, mais aussi parce que le père, qui est agriculteur ou commerçant ou industriel, comptait sur le concours d'un fils qu'il faudra, à grand frais, non seulement remplacer par un mercenaire, mais encore entretenir durant les longues années de ses études? Les familles pourvoient en effet presque toutes à l'entretien de leur enfant, ce qui, avec les frais de voyage et les vacances, représente, aujourd'hui surtout, une dépense énorme. Enfin elles contribuent, dans toute la mesure du possible, au paiement de la pension. Rien que pour le Grand Séminaire, elles donneront, cette année, environ quarante mille francs.

Quelques-unes d'entre elles sont réduites par la guerre à un état de gêne qui nous a d'autant plus préoccupés que, par un sentiment de délicatesse qui les honore grandement, elles auraient voulu ne rien retrancher à ce qu'elles donnaient auparavant. N'est-il pas juste de leur venir en aide?

II

Ce que doivent donner les Catholiques du diocèse

Il paraît que certaines zélatrices de notre Œuvre n'osent pas distribuer le bulletin dans lequel nous rendons compte de nos recettes, parce que les associés de leur région nous trouvent vraiment trop riches : « Ils ont reçu 274 mille francs en 1927 et vous allez encore quêter pour eux en 1928! C'est scandaleux : que peuvent-ils donc faire de tant d'argent? » Nous l'avons toujours dit consciencieusement, chers associés, et si vous voulez bien lire la page qui suit, vous allez voir que, malgré l'augmentation de nos recettes, nous serons encore plus pauvres que l'an dernier.

Nous avons actuellement trois cent soixante séminaristes et élèves ecclésiastiques. La pension de chacun d'eux, sans compter l'entretien ni les fournitures scolaires et autres frais accessoires (voyages, vacances, etc.) revient en moyenne à un minimum de 2.300 francs. Multiplions par 360. Nous obtenons un total de 828 mille francs. J'ai calculé que le tiers à peu près de cette somme est payé par les parents et bienfaiteurs. Soit donc 276 mille francs à retrancher de 828 mille. *Restent à donner* 552 *mille francs.*

Or, de quelle somme disposons-nous? Le total de nos recettes est de 274.307 francs. Mais il en faut retrancher, d'une part, 11.263 francs pour les frais d'impression et d'expédition du bulletin, des images et autres feuilles de propagande; et, d'autre part, 6.355 francs de secours particuliers,

Soit au total 17.618 francs, ce qui réduit le chiffre de nos recettes à 256.689 francs.

Alors qu'il nous faudrait 552 mille francs pour compléter la pension de nos 360 élèves ecclésiastiques et Séminaristes, notre Association ne dispose donc que de 256.689 francs, c'est-à-dire qu'elle n'a pas la moitié de la somme que réclamerait l'augmentation toute insuffisante qu'elle soit du nombre de nos élèves et la cherté persistante de la vie.

Que nos chers associés veuillent bien ne pas considérer cette insistance comme un reproche à leur égard. Leur générosité est admirable et nous ne saurions assez les remercier, mais il fallait bien forcer ceux qui ne voyaient que nos recettes à envisager aussi le montant beaucoup plus élevé de nos dépenses.

III

La confiance de nos Associés

De plus en plus nombreuses et de toutes les régions du diocèse nous arrivent des lettres très touchantes, le plus souvent anonymes, où s'exprime la confiance de nos associés dans l'efficacité de leurs offrandes pour l'Œuvre du Séminaire. Ils estiment que rien ne saurait être plus agréable à Dieu que de contribuer à donner des prêtres à son Eglise. Dans leur détresse, ils ajoutent à la prière un sacrifice d'argent dont le mérite nous apparaît d'autant plus grand que ceux qui se l'imposent sont des pauvres bien souvent : une pauvre servante, un ouvrier, une famille de travailleurs, des personnes qui prélèvent un tant pour cent sur leurs salaires ou les bénéfices de leur petit commerce.

Et leur confiance n'est pas trompée, car les lettres d'action de grâces se multiplient avec des *ex-voto* très intelligemment compris, puisque ce sont des « journées de pain » pour les élèves ecclésiastiques.

Ah! chers Séminaristes, grands et petits, que cette provenance de votre pain quotidien, — plus encore que son prix d'achat toujours en hausse, — vous en fasse apprécier la valeur! Aux sacrifices de vos parents s'ajoutent les générosités des fidèles du diocèse. Et voilà pourquoi l'Eglise, dans les prières liturgiques psalmodiées après le repas au réfectoire du Séminaire, vous fait implorer les bénédictions de Dieu pour tous vos bienfaiteurs.

Que tous veuillent bien, une fois de plus, trouver ici l'expression très émue de notre reconnaissance. Nous ne pouvons citer leurs noms dont la plupart ne sont connus que de Dieu — n'est-ce pas assez pour qu'ils aient confiance? — ni reproduire toutes leurs lettres devenues trop nombreuses. Mais, groupant leurs intentions de prières ou d'actions de grâces, nous les recommandons à l'attention et aux pieux suffrages de nos lecteurs. (*Suivent dans chaque bulletin des listes de faveurs obtenues ou sollicitées.*)

IV

Générosités moins éclairées

Il est arrivé que des personnes désireuses de témoigner à des prêtres leur reconnaissance ou leurs sympathies leur aient offert des cadeaux luxueux beaucoup mieux adaptés à quelque salon bourgeois qu'aux modestes appartements de nos presbytères. C'était déjà fâcheux au temps où le clergé était moins pauvre qu'aujourd'hui. Mais à présent, ce serait presque une ironie. Est-il bien sûr cependant que tous nos lecteurs s'en rendent compte? Ce qui m'en fait douter, ce sont des propos dont l'écho me revient de divers côtés du diocèse.

Des personnes très bien intentionnées pour le recrutement du clergé apprennent qu'un jeune homme se dispose à entrer au séminaire. Elles en manifestent leur satisfaction et tout de suite elles pensent au cadeau de la première messe : « Je lui donnerai un calice, une chasuble, un missel... »

Tout cela c'est comme la perle que le coq de la fable portait chez le lapidaire :

> Je la crois fine, dit-il,
> Mais le moindre grain de mil
> Serait bien mieux mon affaire.

C'est très aimable à vous, Madame, de penser au calice de la première messe dont votre séminariste ne se servira pas avant cinq ou six ans et dont, même alors, il n'aura pas besoin du tout, car ce ne sont pas les calices qui manquent ni les ornements : il y en a à revendre dans les pauvres églises abandonnées. Ce qui manque ce sont les prêtres. Ce qui manque c'est l'argent pour payer la pension des séminaristes.

Vous croyez que de donner un beau cadeau pour la première messe, cela fera meilleur effet. Mais moi je vous dis que de contribuer maintenant à payer la pension ce sera plus méritoire aux yeux de Dieu et que vous-même, qui êtes chrétienne, vous aurez plus de satisfaction en pensant que vous avez fait les frais non pas d'un calice inutile mais de l'éducation d'un prêtre dont l'Eglise a tant besoin.

V

Générosités mieux éclairées

Un vieux prêtre nous écrit : « En 1864, quand j'entrai au séminaire, je dus me priver de bien des choses, faute de ressources. Toutefois, je remercie la Providence qui ne m'a jamais abandonné. Je comprends la situation des séminaristes pauvres. Je vous envoie pour eux un billet en leur demandant de dire un *Pater* et un *Ave* pour moi. *Amo nesciri.* »

Un autre a remis une offrande relativement considérable représentant de longues années de privations.

Au cours des retraites pastorales, un curé, ayant remarqué la pauvreté du mobilier des cellules du séminaire, a envoyé à M. l'Econome cinq cents francs pour le mobilier d'une chambre.

L'idée des « journées de pain » émise par un

de nos associés dans le dernier bulletin a porté ses fruits. On nous a envoyé à cette intention quelques billets de cinquante francs en spécifiant que c'était : « pour obtenir la guérison d'un jeune homme gravement malade » ; — « pour nos enfants et la réussite dans nos entreprises » ; — « pour le repos de l'âme d'une mère » ; — « pour obtenir la résignation dans une grande épreuve ».

Nous recommandons toutes ces intentions aux prières de nos associés. Inutile d'ajouter qu'on s'en souvient au séminaire.

Un pieux fidèle avait l'intention d'offrir à un ordinand de ses parents un souvenir très précieux à l'occasion de sa première messe. Mais il avait lu dans le bulletin de l'Association de Saint-Joseph que l'on peut venir en aide aux jeunes prêtres de manière beaucoup plus utile. Aussi, sacrifiant la joie qu'il aurait éprouvée à faire don à son protégé d'un calice ou d'un ornement de prix, il a préféré lui remettre une forte somme d'argent destinée à l'achat de vêtements, de livres, et à couvrir les dépenses inévitables de la fin du séminaire. Qu'il nous soit permis de signaler cet acte de générosité très avisée et très sage et de le louer hautement. Ce geste témoigne d'un parfait désintéressement jusque dans l'exercice de la charité. Il est doublement méritoire.

VI

Ce n'est pas pour cela que j'ai voulu donner

Un de nos anciens séminaristes ayant renoncé à l'état ecclésiastique s'est fait, dans la région, une situation assez avantageuse. Une personne qui le connaît et qui sait que le diocèse a supporté en grande partie les frais de son éducation s'en est émue : « Je donne volontiers pour l'Œuvre des Vocations. Mais je veux que mon argent serve à faire des prêtres, et non pas des employés du gouvernement ».

A cela je réponds :

« Je comprends votre émoi, ma bonne dame. Nous aussi, qui n'arrivons pas à équilibrer le budget de nos maisons d'éducation ecclésiastique et qui sommes obligés d'importuner par nos incessantes requêtes les catholiques du diocèse, nous voudrions bien réserver nos ressources exclusivement pour les jeunes gens qui doivent arriver au sacerdoce.

Mais, de grâce, indiquez-nous le moyen de discerner sûrement parmi les autres ces jeunes gens privilégiés.

Quand le laboureur jette des grains de blé dans ses sillons, peut-il espérer que tous, sans exception, produiront de beaux épis? Nos collèges et séminaires sont un champ ensemencé. Il faut estimer que la moisson sera bonne si la moitié de la semence produit ses fruits.

Se désintéresser de l'Œuvre des Vocations parce que plusieurs de nos élèves renoncent à l'état ecclésiastique serait aussi déraisonnable que de renoncer à ensemencer les champs parce que beaucoup de grains pourrissent en terre ou sont mangés par les oiseaux.

Quelque soin qu'on apporte au discernement des élèves ecclésiastiques, il arrivera nécessairement que plus d'un, au cours de ses études, s'apercevra qu'il n'avait pas la vocation ou que peut-être, hélas! il l'a perdue. Faut-il incriminer ceux qui restent en route? — Non, s'ils ont loyalement tenté l'essai, et même si c'est par leur faute qu'ils ont perdu leur vocation, nous avons à cœur de les aider à se faire dans le monde une situation honorable. Et, de notre sollicitude, ils nous récompensent généralement de plusieurs façons. D'abord, ce sont des chrétiens éclairés, convaincus et dévoués à la religion. Et puis, dans les foyers qu'ils fondent, il arrive très souvent que Dieu fait de nouveaux choix, si bien que la grâce de la vocation qui semblait perdue n'est que retardée d'une génération. C'est même parfois avec usure que se fait la compensation, car il arrive que plusieurs vocations germent dans les foyers bien peuplés de ceux qui s'étaient crus eux-mêmes appelés au sacerdoce.

D'autres, reconnaissant leur dette envers l'Eglise et n'ayant pas la consolation de lui donner un enfant, ont à cœur du moins de contribuer aux frais de l'éducation d'un élève ecclésiastique.

Continuez donc, chers associés, de nous aider à ensemencer, sans exiger témérairement que la Providence vous indique lesquels monteront en épi parmi les grains précieux jetés en nos sillons.

VII

Pour la « mise en train »

Il y a quelques semaines, un prêtre est venu nous apporter une somme d'argent destinée à des élèves ecclésiastiques pauvres. Et il a précisé ainsi ses intentions :

« Je veux que cet argent serve, non pas à ceux qui sont déjà entrés au Séminaire et sur le point de parvenir au Sacerdoce. Pour ceux-là, je n'ai pas d'inquiétude : on ne les abandonnera pas, ils arriveront toujours. Mais je me préoccupe de ceux qui ne commencent pas leurs études faute de ressources. Ce qui me paraît le plus important, c'est de mettre en train ces jeunes recrues. »

Oh! que voilà donc une générosité bien avisée! Cet excellent prêtre se rendait compte admirablement de ce qui importe le plus, aujourd'hui surtout : labourer et ensemencer en vue des moissons à venir.

Il y en a au contraire qui n'ont de goût que pour la récolte. Ils n'aiment pas le combat ni l'effort, mais ils accourent avec des lauriers pour couronner la victoire et le succès.

Ils n'ont rien donné ou très peu au cours des longues années d'études pour le trousseau ni la pension des élèves ecclésiastiques, mais les voici, à la veille de la première messe, avec des calices, des chasubles et des missels.

Leur première pensée, quand on leur parle d'un élève ecclésiastique, est pour le cadeau qu'ils lui feront le jour de son ordination, et ils ne songent pas, qu'en attendant, *l'Association Saint-Joseph* n'arrive à payer que la moitié de sa pension dont le taux s'élève avec le renchérissement progressif de la vie; que ses pauvres parents auraient grand besoin d'être aidés pour l'entretien du trousseau devenu dispendieux.

Mais, grâce à Dieu, nos amis, à l'exemple du prêtre qui nous a suggéré ces réflexions, comprennent de mieux en mieux les vraies manières de favoriser le recrutement sacerdotal.

VIII

Paroisses égoïstes

Un curé du diocèse, qui a comme tant d'autres la charge de deux paroisses (1), me confiait, à l'occasion du versement de la collecte pour l'Association Saint-Joseph, une intéressante remarque qu'il avait faite. Dans l'une des deux paroisses, on donnait généreusement non seulement pour les œuvres locales, mais aussi pour les œuvres diocésaines et les œuvres catholiques. Dans l'autre, au contraire, la générosité des paroissiens n'allait pas au delà des limites de la commune : « Nous d'abord, ou plutôt, nous seulement! » semblait être la consigne. « S'il faut des réparations ou des embellissements à l'église,

(1) Hélas! c'est souvent trois et quelquefois quatre paroisses qu'il faut confier au même curé.

s'il s'agit d'ériger un calvaire à l'un de nos carrefours, vous n'avez qu'à demander, Monsieur le Curé, nous vous donnerons et même, si vous avez besoin de services personnels, nous sommes là, car nous tenons trop à notre curé pour ne pas lui assurer tous les avantages qui sont en notre pouvoir. Mais n'allez pas nous quêter pour les Ecoles libres, la Propagation de la Foi et autres œuvres qui ne concernent pas notre paroisse. Nous aimons trop cette chère paroisse pour ne pas lui réserver toutes nos générosités. »

— Vous aimez votre paroisse, mes chers amis, je vous en félicite. Mais c'est précisément dans l'intérêt de votre paroisse que je vous sollicite en faveur de l'Association Saint-Joseph qui a pour but de procurer des prêtres au diocèse. Vous donnez généreusement pour votre église, vous avez restauré le presbytère, vous voulez que M. le Curé ne manque de rien. Mais si vous bornez là votre charité, vous prenez le meilleur moyen de rendre inutiles toutes vos prétendues générosités. A quoi servira le presbytère quand vous n'aurez plus de curé? Etes-vous même assurés d'avoir une messe le dimanche quand votre paroisse sera confiée à un prêtre qui en a déjà deux à desservir? Et alors, vous n'aurez même pas le plaisir de voir le dimanche vos belles statues, votre beau chemin de croix, et d'entendre vos cloches harmonieuses, puisqu'il vous faudra aller assister à la messe dans une autre paroisse.

Ah! combien sont mieux avisés que vous les pauvres habitants de tant de paroisses qui, depuis dix, vingt ans, n'ont pas de curé, mais qui ne se lassent pas cependant de donner chaque année généreusement pour l'Association Saint-Joseph, parce qu'elles espèrent que le Séminaire repeuplé par cette Association finira par leur envoyer un prêtre!

Dans leur générosité actuellement si désintéressée, elles préparent le retour d'un curé dans leur église, au lieu que vous, par vos calculs égoïstes, vous préparez le prochain départ du vôtre.

CHAPITRE VII

N'ABANDONNEZ PAS CEUX QUI RESTENT EN ROUTE

I

Plaidoyer pour ceux qui restent en route

Il ne s'agit pas ici de rechercher pourquoi les enfants qu'on croyait appelés au sacerdoce renoncent à leur vocation au cours de leurs études soit au petit, soit au grand Séminaire. On ne se propose pas non plus d'établir la proportion de ces vocations qui n'aboutissent pas.

Il suffit de savoir que le nombre est très considérable de « ceux qui restent en route » pour que les trois questions suivantes s'imposent à l'attention de quiconque s'occupe du recrutement sacerdotal.

1° A-t-on le droit de les abandonner?

2° Qui doit s'en occuper?

3° Que faut-il faire pour eux?

I. — *A-t-on le droit de les abandonner?*

A cette première question je réponds sans hésitation ni restriction : Non, nous n'avons pas le droit de les abandonner.

Un jeune homme qui, ne voulant plus être prêtre, quitte le petit séminaire à seize ans ou le grand séminaire à vingt-deux, se trouve ordinairement dans une situation extrêmement embarrassante. A treize ans, au sortir de l'école primaire, il s'achemine tout naturellement vers les champs ou l'atelier paternel. À dix-huit ou vingt ans, au sortir du collège ou du séminaire, il ne sait où diriger ses pas, et, plus malheureux que l'économe de l'Evangile, il ne peut que faire cette douloureuse constatation : « *Fodere non valeo, mendicare erubesco... nescio quid faciam* (1). »

C'est un déclassé. Il a le droit de se retourner vers ceux qui l'ont fait sortir de sa famille et de sa condition et de leur dire : « A défaut du sacerdoce que vous m'aviez fait envisager, trouvez-moi une autre situation où je puisse vivre honorablement et chrétiennement. »

(1) Je ne puis labourer, j'ai honte de mendier : que faire?

N'eussent-ils pas le bénéfice de cette sorte de contrat implicite, « ceux qui restent en route » auraient encore des droits très particuliers à notre sollicitude. Ils sont dans l'alternative la plus critique et la plus intéressante : ou bien, profitant du surcroît d'éducation chrétienne reçu au Séminaire, ils seront des apôtres dans le monde, ou bien, comme des transfuges, ils rendront à nos adversaires des services exceptionnels.

L'histoire serait curieuse et instructive, de ces deux catégories d'anciens séminaristes. Mais il serait encore plus utile de savoir auxquels des apostats il n'a manqué, pour être apôtres, que la sollicitude d'un protecteur à leur sortie du séminaire.

II. — *Qui doit s'en occuper?*

Cette sollicitude s'impose à tous ceux qui s'occupent du recrutement sacerdotal.

Presque tous nos élèves ecclésiastiques ont un prêtre — ordinairement leur premier maître de latin — qui, après les avoir discernés au catéchisme et placés au collège, les accompagne, avec une sollicitude attentive et généreuse, jusqu'au sacerdoce. Et quand on demande à nos diacres quel sera le prédicateur de leur première messe, il est touchant d'entendre cette réponse presque invariable : « Ce sera mon premier maître. » Hélas! le premier maître n'a pas que des consolations pour récompense de son dévouement, et son plus gros chagrin est d'entendre dire à son élève qu'il ne veut plus être prêtre. Alors un autre devoir s'impose à sa paternité adoptive. Il n'a pas eu l'honneur de fournir un prêtre à l'Eglise. Au moins doit-il se ménager la consolation de lui donner un bon chrétien et un apôtre.

Les séminaires n'ont pas le droit non plus de se désintéresser de celui qui s'en va. Eux aussi l'ont adopté lorsqu'il leur fut présenté et, plus encore que le premier maître, ils ont le devoir et les facilités de lui venir en aide.

Et puis, il y a l'Œuvre des Vocations. Nous lisons dans un rapport sur l'Œuvre des Vocations du diocèse de Coutances (31 mai 1910) :

«... Enfin, pour empêcher que ceux qui, en cours d'études, renoncent à l'état ecclésiastique, deviennent des déclassés ou des renégats, comme cela est arrivé trop souvent, l'Œuvre s'emploiera à leur trouver, autant que possible, des situations convenables. »

Pourquoi toutes les Œuvres des Vocations n'auraient-elles pas un article semblable dans leurs statuts?

III. — *Que faut-il faire pour eux?*

Le premier moyen de les diriger vers la bonne voie, c'est de leur témoigner en cette circonstance une cordiale sympathie. Il y a quelque trente ans, un jeune homme ayant renoncé à l'état ecclésiastique, vers lequel le poussait l'ambition maternelle, fut si mal reçu des siens au sortir du séminaire qu'il s'enfuit en Amérique, et depuis on n'a jamais su à quelle profondeur de misère physique ou morale le désespoir l'a fait tomber.

De tels faits sont rares, mais il y a généralement une sorte de défaveur dont souffrent injustement ceux qu'on a le tort d'appeler des « défroqués ». Ce mot devrait être réservé exclusivement aux apostats. Il ne convient pas à celui qui, loyalement, quitte le séminaire et la soutane. Eût-il, par sa faute, perdu sa vocation, si, ne pouvant pas ou ne voulant plus être prêtre, il se propose de rester fidèle à l'Eglise, il a le droit à notre estime, à notre sympathie. Donc, le premier devoir de ses maîtres, de ses parents, de ses condisciples, est de lui en donner un cordial témoignage.

Mais cela ne suffit pas : il faut l'aider à trouver une situation. C'est difficile. Un enfant de treize ans est plus facile à « caser » qu'un séminariste de vingt-deux. Raison de plus de s'y employer et de ne pas abandonner le pauvre jeune homme à sa seule initiative, d'autant qu'à défaut de notre concours, il ne manquera pas de recevoir des sollicitations de nos adversaires. Il y a quelques semaines, un jeune clerc, rentré dans le monde, n'y trouvait pas d'autre refuge que la maison d'un parent anti-clérical et ami du préfet, de qui il recevait les offres les plus avantageuses. Heureusement, il y avait un supérieur de Séminaire qui veillait, qui le réconfortait, s'employait activement à lui trouver une situation, de sorte que ce jeune homme, au lieu d'être un instrument entre les mains de l'ennemi, est un auxiliaire utile de l'enseignement chrétien.

Depuis quelques années, les Association d'Anciens Elèves de nos collèges catholiques se sont fédérées en des Unions régionales et ont organisé des Services de Placement que les Séminaires doivent connaître et utiliser. L'an dernier, un supérieur de grand séminaire apprenait qu'un jeune homme, « resté en route » après la classe de seconde, traînait depuis des mois dans son village natal une existence inutile, onéreuse à ses pauvres parents et dangereuse pour lui-même. Il s'adresse à l'*Union régionale* : huit jours après, le jeune homme avait un emploi honorable et lucratif.

Mais le supérieur ne s'en tint pas là. Il envoya à tous les Comités des Amicales catholiques du diocèse une circulaire pour faire valoir les avantages de ce service de placement, et aujourd'hui, grâce à cette initiative, toutes les Associations d'Anciens Elèves de ce diocèse entrées dans l'Union Régionale contribuent à procurer à leurs membres les situations qui leur conviennent (1).

Une des carrières dans lesquelles « ceux qui restent en route » peuvent exercer le mieux leur apostolat, c'est l'enseignement chrétien. Aussi fera-t-on bien de s'adresser aux bureaux de placement de la *Ligue de la Liberté de l'Enseignement*, 42, rue de Bellechasse (VIIe), ou de la *Société générale d'Education de l'Enseignement supérieur et Secondaire* : 14 *bis*, rue d'Assas (VIe) (2).

En trouvant eux-mêmes une situation, ceux qu'on dirigera ainsi vers l'enseignement rendront un très grand service à nos écoles catholiques dont les maîtres sont si difficiles à recruter. Mais,

(1) Voir le *Haut Parleur de la Fédération des Amicales de l'Enseignement Catholique de France*, 137, Boulevard Péreire, Paris (XVIIe).

(2) Voir le *Guide d'Action religieuse*.

pour être utilisés dans l'enseignement primaire, ils doivent avoir le brevet. Qu'il serait donc à souhaiter qu'un grand nombre de nos élèves ecclésiastiques en fussent pourvus! S'ils persévèrent dans leur vocation, on en pourra faire des prêtres-instituteurs. S'ils «restent en route», rien ne sera plus facile que de les utiliser dès leur sortie du séminaire.

Beaucoup de Congrégations, outre les religieux prêtres, admettent aussi des frères coadjuteurs qui rendent les plus grands services soit dans les Communautés, soit dans les Missions. Pourquoi ne pas faire envisager à un jeune homme estimé inapte au ministère sacerdotal, mais désireux de se dévouer, cet excellent moyen d'utiliser sa vie et de réaliser ses rêves d'apostolat?

Enfin l'expérience montre que nos élèves sont particulièrement appréciés dans les administrations les plus recommandables et quand on sait qu'un Supérieur se préoccupe de les placer, il reçoit parfois plus d'offres d'emploi qu'il n'a de sujets disponibles.

Quand on a témoigné à un jeune homme, en une circonstance pénible de sa vie, la cordiale sympathie que nous demandons pour lui, quand on a multiplié les démarches pour lui trouver une situation, il n'est pas difficile de garder avec lui des relations qui l'encouragent et le soutiennent dans la bonne voie. C'est là le dernier service à rendre à ceux qui sont « restés en route ». Comme les jeunes prêtres sortis du Séminaire, ceux qui sont rentrés dans le monde au cours de leurs études peuvent trouver un réconfort dans les relations qu'ils conservent avec leur directeur. Après les lettres qu'il reçoit des prêtres, un supérieur de Séminaire n'en lit aucune avec plus de consolation que celles de ces jeunes gens, qui dans les situations les plus diverses lui montrent que le séjour au Séminaire continue de porter ses fruits. Il n'est pas rare non plus que Dieu se choisisse des prêtres parmi les enfants de ceux qui s'étaient crus eux-mêmes appelés au sacerdoce. On rapportait l'autre jour le propos d'un tout jeune enfant qui, sachant que son père avait porté la soutane, disait naïvement : « Mon père n'a pu être que diacre (1), mais moi je serai prêtre ». La grâce de la vocation n'est pas perdue : les effets en sont seulement retardés d'une génération.

« Ceux qui restent en route » sont peut-être plus nombreux que ceux qui arrivent au sacer-

(1) Mot d'enfant : le père n'avait pas reçu les Ordres sacrés.

doce, et les sacrifices faits pour eux aussi considérables. Quelle responsabilité si, par notre faute, ces sacrifices devenaient inutiles pour l'Eglise ou, à plus forte raison, s'ils n'aboutissaient qu'à lui former des adversaires!

Un prétexte allégué parfois pour ne pas s'occuper des vocations, c'est la crainte, en cas d'insuccès, de ne faire que des déclassés. Il ne tient qu'à nous d'éviter ce malheur. Nous n'avons même pas à craindre l'insuccès puisque, à défaut des prêtres, nous aurons recruté des maîtres chrétiens ou tout au moins des catholiques fervents et des apôtres.

II

Quelques exemples.

A l'Ordination de la Trinité, parmi les assistants qui occupaient la nef de la Cathédrale de Coutances, il y avait un homme de cinquante-cinq ans qui semblait très soucieux de bien faire remarquer à un enfant de cinq ans placé à côté de lui les cérémonies qui s'accomplissaient sur le sanctuaire. Cet enfant était son petit-fils. Le grand-père était un ancien élève ecclésiastique. Il avait rêvé, — n'étant point lui-même parvenu au sacerdoce, — d'avoir un fils prêtre. Son rêve ne s'étant pas réalisé à la première génération, son espoir se reportait sur la seconde et voilà pourquoi, tout exprès, il était venu de l'extrémité du diocèse avec son petit-fils, persuadé que, s'il y avait dans l'âme de cet enfant un germe de vocation, le spectacle de l'Ordination l'aiderait à s'épanouir. Je ne connais point cet homme et je ne le remarquai point le jour où il vint à la Cathédrale, mais sa démarche m'a été signalée par un prêtre du diocèse et elle m'a paru assez touchante pour mériter d'être racontée à nos lecteurs.

Un autre de nos prêtres m'a dit, il y a quelques mois, qu'un de ses anciens condisciples, docteur ès lettres, toujours poursuivi par la pensée d'une vocation qui ne fut pas assez encouragée lorsqu'il avait vingt ans, et demeuré célibataire, allait entrer dans un ordre religieux.

Un vieillard, demeuré aussi célibataire, se reprochant sur ses vieux jours de ne pas avoir répondu à une voix intérieure qui l'invitait à se consacrer au service de l'Eglise, a voulu que, du moins, une partie de son bien fût affectée à l'éducation des élèves ecclésiastiques.

Une expérience déjà longue confirmée par celle de nombreux confrères avec lesquels je m'en suis entretenu m'a démontré que c'est très souvent dans le foyer chrétien fondé par ces jeunes gens que Dieu choisit de nouvelles recrues, de telle sorte que la grâce de la Vocation qu'on avait cru perdue n'est en réalité que retardée d'une génération.

Aux dernières vacances, j'avais exposé cette idée au cours d'une retraite ecclésiastique. Un de mes auditeurs, à la récréation suivante, voulut bien la confirmer par le trait suivant :

« Il y a quelques mois, un de mes vicaires, qui a deux frères prêtres plus jeunes que lui, fut appelé près de son père mourant. Le pauvre père s'inquiétait de ne pas voir arriver son aîné parce qu'il avait à lui faire une confidence. Sentant que sa fin approchait, il demanda que le second de ses prêtres restât seul avec lui pour la recevoir.

« Mon enfant, lui dit-il, je veux, avant de mourir, vous confier que j'aurais dû être prêtre. Mais si j'ai manqué ma vocation, j'espère que Dieu va cependant me faire miséricorde, puisque, au lieu du pauvre prêtre que j'aurais été, je lui en laisse trois. »

Un autre père de famille, ancien séminariste lui aussi, venait de voir pour la quatrième fois un de ses fils célébrer sa première messe, et comme on l'en félicitait au banquet de famille, il répondit spirituellement par le mot de Zachée : *Si quid aliquem defraudavi, reddo quadruplum* (1).

A défaut d'un fils pour le sacerdoce, d'autres qui croient avoir manqué leur vocation veulent au moins offrir la pension d'un séminariste : « J'aurais dû être prêtre, m'écrit un inconnu, après avoir lu notre *Bulletin de l'Œuvre des Vocations*. J'ai gagné quelque argent, dites-moi combien je dois donner pour les frais d'éducation d'un de vos élèves. »

Vous voyez donc, chers lecteurs, que « ceux qui restent en route », outre les services personnels qu'ils peuvent rendre à l'Eglise, ne sont pas sans quelque utilité pour l'Œuvre du Recrutement sacerdotal.

(1) Si j'ai fait quelque tort (à l'Eglise) je lui rends le quadruple.

CHAPITRE VIII

EN ATTENDANT...

I

Une lampe qu'on éteint...
...Une lampe qui se rallume.

Il y a quelques semaines, dans un de nos doyennés, on célébrait les obsèques du curé d'une de ces pauvres paroisses où l'on ne peut plus désormais remplacer le prêtre qui meurt.

Y avez-vous pensé, chers associés? Chaque fois qu'un prêtre meurt dans le diocèse, c'est une paroisse de plus qui est abandonnée...

Donc, il était mort, le pauvre curé dont on disait qu'il n'aurait pas de successeur et c'est parce qu'il le savait que, prenant en pitié ses paroissiens, il avait refusé — bien que sa famille qui était à l'aise l'en eût sollicité, — de prendre du repos comme les fonctionnaires qui ont leur retraite largement subsidiée à partir de cinquante-cinq ans.

Si tous les prêtres qui ont plus de cinquante-cinq ans prenaient leur retraite, combien y aurait-il de paroisses vacantes dans notre diocèse?

Toute la paroisse était venue aux funérailles de son dernier curé. Dans le temps où il y avait beaucoup de prêtres, les paroissiens se consolaient de la mort de leur vieux curé, si grand que fût pour lui leur attachement, parce qu'ils en attendaient un autre qui serait plus jeune, qui aurait plus d'entrain, dont les offices seraient moins longs, plus vivants : ce serait un renouveau après un long hiver.

Mais aujourd'hui, ils ne se consolent pas, parce qu'ils savent que leur pauvre vieux curé ne revivra pas dans la personne d'un successeur. C'est comme si, avec lui, on enterrait leur paroisse et leur église.

Ils en ont l'impression vague et douloureuse, mais, voici que cette impression va devenir plus précise et encore plus douloureuse.

M. le Doyen, qui préside les obsèques, a la pénible mission de prononcer sur la paroisse comme une sentence de mort :

« Chaque prêtre du doyenné, dit-il, a déjà deux paroisses à desservir. Non seulement il n'y aura plus ici de curé résidant, mais il est impossible de vous donner la messe le dimanche. On ne pourra même plus laisser le Saint Sacrement dans votre église. Je reviendrai jeudi prochain à sept heures et demie dire la messe et consommer les saintes Espèces, et, après la messe, j'éteindrai la lampe du sanctuaire dont la petite flamme annonçait la présence de Notre-Seigneur au milieu de la paroisse. »

Le jeudi suivant, à sept heures et demie, une vingtaine de personnes assistaient à la messe de M. le Doyen dans la petite église. C'étaient quelques femmes, un groupe d'enfants et l'institutrice communale qui est une bonne chrétienne.

Jamais peut-être on n'avait si bien prié durant la messe. On eût dit des enfants réunis autour de la couche où leur mère va mourir. Quand M. le Doyen, ainsi qu'il l'avait annoncé, éteignit la lampe du sanctuaire, des larmes coulèrent silencieusement dans l'assistance. On pleurait le trépas de la vieille église, corps sans âme, demeure vénérable dont l'hôte invisible venait de disparaître.

Lorsqu'il eut fini son action de grâce, M. le Doyen, en sortant de l'église, trouva une personne qui l'attendait dans le cimetière.

C'était l'institutrice :

« Monsieur le Doyen, lui dit-elle, que faudrait-il pour que le Saint Sacrement pût demeurer dans notre Eglise?

— Il faudrait : 1° Qu'une personne se chargeât d'ouvrir et de fermer l'église, d'y maintenir l'ordre et la propreté, d'entretenir la lampe du sanctuaire;

2° Que, chaque jour, il y eût quelques visites au Saint Sacrement;

3° Que, le jour où un prêtre viendrait en semaine dire la messe et renouveler les saintes Espèces, il y eût non seulement une assistance convenable, mais quelques communions.

— Eh bien! Monsieur le Doyen, si vous le permettez, je me charge de faire remplir ces conditions. Voulez-vous me dire quel jour un prêtre pourra revenir dire ici la messe et remettre le Saint Sacrement dans le Tabernacle? »

M. le Doyen, touché plus qu'il ne le laissait voir, indiqua un jour, et ce jour-là, le curé voisin venu pour dire la messe donna la sainte Communion à une quinzaine de personnes et il resta des hosties dans le ciboire qui reprit possession du tabernacle, et la lampe du sanctuaire fut rallumée.

Et, depuis, l'église est ouverte, comme au temps

où il y avait un curé, et, chaque soir, après la classe, on y voit venir de petits enfants et aussi dans la soirée des grandes personnes qui, pour en avoir été privées, apprécient mieux le bienfait de la Présence réelle et ont pris l'habitude de faire leur visite au Saint Sacrement.

L'église était morte. Elle est ressuscitée.

II

Pour conserver la foi dans les paroisses sans prêtres

Il serait bien utile de se poser, dans chaque diocèse, à propos des paroisses qui n'ont pas de curé résidant, les questions suivantes :

1° Combien y en a-t-il qui n'ont pas la messe le dimanche?

2° Quelles sont celles où ne réside pas le Saint Sacrement?

3° Dans quelle mesure la religion y a-t-elle dépéri depuis qu'il n'y a plus de curé?

4° Quelles pieuses initiatives ont réussi à y entretenir la vie chrétienne?

« Quand le Fils de l'Homme viendra, disait Notre-Seigneur, trouvera-t-il la foi sur terre? »

Quand le Séminaire sera repeuplé et qu'on pourra commencer à envoyer des prêtres dans des paroisses qui n'en avaient plus depuis quinze, vingt ou trente ans, y retrouvera-t-on la foi et les pratiques chrétiennes des temps passés?

Ce n'est pas seulement aux prêtres que s'adresse cette question. C'est aux bons chrétiens de ces pauvres paroisses abandonnées.

Un des grands mérites de l'admirable vie de notre sainte Marie-Madeleine Postel fut de se dévouer et de s'ingénier de toute façon pour suppléer, durant les années qui suivirent la Révolution, à l'insuffisance du nombre des prêtres en faisant le catéchisme, et en se formant des auxiliaires pour maintenir la vie religieuse dans les paroisses de sa région.

Dans les pays de Mission où les prêtres, beaucoup plus disséminés que chez nous, ne peuvent visiter certaines de leurs chrétientés que trois ou quatre fois par an, il y a des catéchistes indigènes qui instruisent les enfants, qui réunissent le dimanche les fidèles pour la prière. Et dans ces groupes de catholiques sans prêtres, non seulement la vie chrétienne se conserve, mais on y rencontre souvent des exemples d'une ferveur admirable, comme on peut le voir dans les *Annales des Missions*.

Quelle différence, pourtant, entre ces pauvres chrétiens, qui, pour entendre une messe deux ou trois fois par an, doivent s'imposer plusieurs journées de pénible voyage, et nos paroissiens sans curé qui n'ont jamais plus de quatre ou cinq kilomètres pour se rendre à l'église voisine!

Qu'il soit pénible pour eux d'aller dans une église étrangère, alors qu'ils ont fait tant de sacrifices pour la conservation et l'embellissement de la leur, nous avons déjà dit que nous le comprenons et que, bien cordialement, nous y compatissons.

Mais, précisément, n'est-ce pas une raison de plus de faire en sorte que le Saint Sacrement puisse continuer d'y résider, que, même en dehors des jours où le prêtre y peut venir, il y ait de pieuses réunions, par exemple, durant le Carême et le mois de Marie ou le mois du Rosaire?

Qu'il serait intéressant de savoir quelles sont les paroisses sans prêtre où l'initiative de quelque personne pieuse, d'accord avec le curé administrateur, a maintenu des pratiques de ce genre!

Nous espérons que l'on voudra bien nous renseigner à ce sujet et que les détails édifiants qui nous seront transmis sur les paroisses sans prêtre contribueront à entretenir une sainte émulation entre ces pauvres chères paroisses si dignes de notre sympathie.

III

Sympathies pour le Clergé

Il y a des familles qui refusent leurs enfants à l'Eglise parce que le sort des prêtres n'est pas enviable. Faut-il ajouter qu'il s'est trouvé, qu'il se trouve peut-être encore des prêtres qui, se sentant eux-mêmes si appauvris, si abandonnés dans la solitude de leur presbytère où ils n'ont pas moyen de se payer le luxe d'une servante, éprouvent quelque scrupule à faire partager leur triste sort à un adolescent qui, sans aucune préparation, peut, à dix-huit ans, gagner autant qu'un archiprêtre?

Je ne conteste pas que le sacerdoce soit aujourd'hui la moins lucrative de toutes les situations.

Un préjugé populaire faisait naguère encore — dans le temps où le clergé était plus nombreux et mieux rétribué, — soupçonner nos élèves de venir au Séminaire dans l'intention de s'assurer

« un bon métier ». Ce préjugé fut toujours injuste, car même lorsque l'Etat payait *sa dette* envers l'Eglise, les séminaristes n'auraient eu qu'à renoncer à leur vocation pour gagner partout ailleurs beaucoup plus d'argent.

Mais, si tenace que fût le préjugé, je pense qu'il est enfin déraciné. C'est un avantage pour l'honneur du clergé. Ne serait-ce pas un danger pour son recrutement?

Sans doute, les âmes de nos jeunes gens sont assez nobles et assez désintéressées pour s'élever bien au-dessus de toutes ces considérations pécuniaires. Mais il n'en est pas ainsi dans leur entourage à l'influence duquel il leur est bien difficile de se soustraire. Et puis, enfin, il faut vivre, si chichement que ce soit. On sait ce que coûtent aujourd'hui la nourriture et le vêtement dont saint Paul lui-même ne méconnaissait pas l'indispensable nécessité pour les ouvriers apostoliques.

Les fidèles, dans l'intérêt même du recrutement sacerdotal, doivent donc se préoccuper d'améliorer la situation de leurs prêtres, afin que les jeunes gens et leurs familles ne soient pas rebutés par l'excessif dénuement et le douloureux abandon du clergé.

Grâce à Dieu, en beaucoup de paroisses, on a

compris ce devoir. On ne s'est pas contenté de donner beaucoup plus généreusement que par le passé pour le denier du clergé. Il est visible qu'on entoure le prêtre appauvri d'une plus respectueuse et cordiale sympathie. On a même parfois pour lui de très délicates et touchantes attentions.

Un de nos jeunes curés nommés après leur démobilisation dut rester près d'un an sans servante, parce que son presbytère étant éloigné de l'église et très isolé, aucune n'acceptait de se mettre à son service. Il en avait demandé quatorze inutilement. Les paroissiens qui le voyaient, le dimanche, partir de grand matin pour aller dire la messe et prêcher à une autre paroisse, puis revenir chez eux en grande hâte pour dix heures, comprirent combien il serait pénible pour lui, après leur grand'messe, de parcourir encore un kilomètre pour ne trouver à son presbytère qu'un âtre sans feu et un dîner... à préparer. C'est pourquoi ils s'entendirent durant toute l'année, pour l'inviter, chacun à leur tour, à venir s'asseoir à la table familiale, lui procurant ainsi, avec les aliments chauds que réclame un estomac fatigué par un long jeûne, le réconfort plus appréciable encore d'une cordiale hospitalité.

Je connais un autre de nos presbytères où le curé, comme il arrive souvent, a recueilli avec lui ses vieux parents pour les assister filialement dans leur vieillesse. Lui non plus ne pouvait pas trouver de servante pour leur procurer les soins les plus urgents. Ce que voyant, une de ses paroissiennes, qui vivait tranquillement de ses modestes revenus dans sa petite maison, vint le trouver et lui dit : « Monsieur le Curé, je ne puis me faire à l'idée de l'abandon et de l'embarras où je vous vois. Voulez-vous de mes services? » Dieu sait avec quel reconnaissant empressement ils furent acceptés. Et cette bonne personne, — sans demander autre chose que sa nourriture — donne aux pauvres vieux parents ses soins du jour et de la nuit en attendant l'arrivée d'une servante... qu'on ne se presse peut-être plus autant de rechercher.

Plus encore que les services rendus à son presbytère et à sa personne, le prêtre appréciera ceux que réclament son église et son ministère. Que de fois j'ai entendu des curés rendre à leurs paroissiens ce témoignage : « Je puis leur demander tout ce que je veux. Jamais ils ne me refusent aucun concours ».

Mais le grand réconfort pour le clergé, c'est de sentir que sa mission surnaturelle est comprise, appréciée, profitable. La grande tristesse, de laquelle n'est pas loin la tentation du découragement, ce serait de se sentir entouré d'indifférence, de préjugés, d'hostilité comme jadis en Israël le prophète qui disait : « J'ai tendu mes mains tout le jour vers un peuple incroyant et rebelle ».

Il n'y a pas, dans le diocèse, une seule paroisse qui ne réclame un prêtre, pas une donc où il n'y ait des âmes soucieuses de profiter de son ministère. Que ces chères âmes aient de plus en plus à cœur de créer autour de lui une atmosphère de sympathie réconfortante. En même temps qu'elles auront favorisé le succès de sa mission, elles auront aussi contribué à procurer à la moisson qui se présente si belle des ouvriers nouveaux.

TABLE DES MATIÈRES

POITIERS. — IMP. MARC TEXIER

CARDALIAGUET (René). — Mon Curé chez lui. [illegible] *l'organisation de la paroisse.* Un vol. in-16 . . . [illegible]

— Mon Curé vingtième siècle . . . [illegible]

JULIEN (Mgr), *Évêque d'Arras.* — L'Évangile nécessaire à l'Ordre International. Un vol. in-16 . . . [illegible]

— L'Évangile nécessaire à l'Ordre Social . . . [illegible]

LUGAN (Abbé). — Catholicisme d'Action. *Sermons et Conférences pour l'Année Liturgique.* Un volume . . . [illegible]

MOURRET (F.) — Leçons sur l'Art de prêcher . . . 11,50

PÉCHENARD (Mgr P.-L.). — Vers l'Action. Un volume . . . 8,50

Rapports présentés au Congrès du Recrutement Sacerdotal. Paris 1925. 15 fascicules . . . [illegible]

Chaque fascicule . . . [illegible]

VAUDON (Jean). — La parole catholique. *Discours choisis de nos Orateurs.*

1. — La Paroisse.

Tome I. *L'Installation, la prise de possession, le ministère paroissial.* In-8° écu . . . [illegible]

Tome II. *Le Presbytère, l'Église.* In-8° écu . . . [illegible]

Tome III. *L'Autel, le Tabernacle.* In-8° écu . . . [illegible]

Tome IV. *La Sainte Table.* In-8° écu . . . [illegible]

VAUROUX (Mgr du). — Après la guerre.

Tome I. *La Paix et la Mission providentielle de la France.* Un volume in-16, broché . . . [illegible]

Tome II. *Périls à redouter. Leçons à retenir* . . . [illegible]

VIEILLARD-LACHARME (D.) — Les Épreuves de l'Église contemporaine. Un volume in-16, broché . . . [illegible]

— Jésus et ses contemporains. Un vol. in-16 . . . [illegible]

— Les Ressources de l'Église contemporaine. Un volume in-16, broché . . . [illegible]

VILLARD (M.), *Missionnaire de la Salette.* — Conférences populaires apologétiques. *Ouvrage approuvé par NN. SS. les Évêques de Grenoble, de Belley, etc.* . . . [illegible]

www.ingramcontent.com/pod-product-compliance
Ingram Content Group UK Ltd.
Pitfield, Milton Keynes, MK11 3LW, UK
UKHW022058260726
13993UKWH00001B/195

9 782329 207704